JN257411

NHK

100分de名著 books

風姿花伝

Fūshikaden

Zeami

世阿弥

Tsuchiya Keiichirou

土屋恵一郎

NHK出版

はじめに――マーケットを生き抜く戦略論

二〇一三年は世阿弥《ぜあみ》生誕六百五十年でした。世阿弥は、室町時代に能を大成した人物として知られていますが、具体的には何を行ったのでしょうか。世阿弥が、能や、それ以後の日本の芸能に与えたインパクトは計り知れないものがあります。まず、世阿弥は能の世界にさまざまなイノベーションを巻き起こし、演技、物語の形式、内容などあらゆる面において、今日私たちが「能」とするものの形を確立しました。また、世阿弥はその生涯のうちで多くの能の作品を書き、さらには、理想の能とは何か、その実践方法を含めて語った能楽論を遺しました。世界の演劇史を代表する劇作家と言えばシェイクスピアですが、彼が活躍する実に二百年ほど前に、多くの数の作品と、シェイクスピアすら書かなかった演劇論まで書いていたのです。これは実に驚くべきことです。

世阿弥は、それまで芸能に関する理論というものが存在しなかった中、約二十もの能楽論を書き遺しました。そのうちもっとも初期に書かれたのが、今回取り上げる『風姿《ふうし》花伝《かでん》』です。

『風姿花伝』は、世阿弥が父から受け継いだ能の奥義を、子孫に伝えるために書いたものです。秘伝として代々伝えられ、明治時代に入ってはじめて多くの人の目に触れるものとなって、現代においては文庫版などで容易に手に入れて読むことができる古典となっています。

ここで、みなさんの中には一つの疑問が湧いてくるかもしれません。能の家に生きる者のために書かれた秘伝の書が、なぜ、能に関わる人以外にも、時代を超えて広く読み継がれる古典となっているのか。『風姿花伝』に対する私の一番大きな関心も、実はここにあります。

『風姿花伝』は、能役者にとってのみ役立つ演技論や、視野の狭い芸術論にとどまってはいません。世阿弥は、能を語る時に世界を一つのマーケットとしてとらえ、その中でどう振る舞い、どう勝って生き残るかを語っています。つまり、『風姿花伝』は、芸術という市場をどう勝ち抜いていくかを記した戦略論でもあるのです。

私は大学で法哲学を専門に教えていますが、能の世界にも三十年以上関わっています。私が能にのめりこむ大きなきっかけになったのは、今から約四十年前の一九七二年に、観世寿夫《かんぜひさお》さんという能楽師の舞台を見たことでした。この時に聴いた観世寿夫さんの謡《うたい》に、私は大変大きな衝撃を受けました。本当に体に電流が走るような衝撃で、今まで自分が持っていた謡の観念を完全に変えられる体験でした。今でも観世寿夫さんの声はすぐにわかります。パバロッティの声や美空ひばりの声がすぐわかるのと同じです。

観世寿夫さんは一九七八年、五十三歳の若さで亡くなってしまいます。私は、観世寿夫さんの能がもう見られないという空白を埋めるために、その二年後に仲間と一緒に「橋の会」という能楽の会をつくりました。観世寿夫さんとともに舞台に立っていた能楽師や囃子方《はやしかた》を集め、ここに来ればその時の最高級の能が観られるという場所をつくったのです。それから二十四年間、私は能のプロデューサーとして「橋の会」を続けました。幸い多くのお客さんに来ていただき、最後の数年は切符も軒並み完売でした。このように、私は能の研究者や批評家ではなく、能の「興行師」として能に関わった期間が長いのです。

そんな私が世阿弥の『風姿花伝』に注目したのは、これまた少しイレギュラーかもしれませんが、現代経営学の発明者と言われるピーター・F・ドラッカーのイノベーション理論との共通点を見出したことにあります。

ドラッカーはその代表作『マネジメント』の中で、イノベーションとは単なる技術革新ではなく、物事の新しい切り口や活用法を創造することだと語っています。私は、その抽象的な言葉の意味をなかなかつかむことができず、難しさを感じていました。一方世阿弥は、人々を感動させる仕組みとして新しいものや珍しいものこそ花である、すなわち「珍しきが花」ということを語っています。これは文字通り、珍しいものに人々は感動する、ということです。これは実にわかりやすい言葉です。この「珍しきが花」が腑《ふ》に落ちた時、そうか、これこそがドラッカーの語るイノベーション理論なのではないか、と気づいたのです。

世阿弥の言葉は、現代の競争社会を生きる私たちにとっても有効なメッセージを伝えてくれる。私はそう感じています。世阿弥が生きた室町時代も、のちに戦国時代へと突入する不安定な時代でした。能を取り巻く環境も、安定した秩序を重んじるものから、「人気」という不安定なものに左右される競争へと移っていった時代です。そのような時代を生きた世阿弥の言葉は、同じように不安定な現代を生きる私たちに、たくさんのヒントを与えてくれます。しかも、世阿弥の言葉は驚くほどわかりやすいのです。注釈や現代語訳がなくとも、大意はそのままつかむことができます。

これからみなさんと『風姿花伝』を読んでいくにあたってのキーワードとして、私は「関係的」という言葉を挙げたいと思います。『風姿花伝』の中で世阿弥が語ることは、観客との関係、人気との関係、組織との関係、なによりも自分自身の人生との関係、すべてにわたって「関係的」です。決して個人の内面にとどまることなく、能に生きる人生のあらゆる場面で、自分と周りとの関係の取り方について語りながら、不安定な世界を生き抜く術《すべ》を示しています。

そんな『風姿花伝』は、現代に生きる私たちにどんなことを語りかけてくれるのでしょうか。さらには、今から六百年以上前に完成した能は、なぜ現代まで脈々と続く力を持っているのでしょうか——。

その答えを、これからみなさんとともに紐《ひも》解いていきたいと思います。

目次

はじめに
マーケットを生き抜く戦略論……005

第1章
珍しきが花……013
能はコーディネーションの芸術／世界初の演劇論
時代の転換期に生きた戦略家／世阿弥が起こしたイノベーションとは
メディア芸術という先進性／古典文学を視覚化するヴィジュアル革命
新しいものこそおもしろい

第2章
初心忘るべからず……045
人生にはいくつもの「初心」がある／「老いの美学」の確立
人生の七つのステージ／「まことの花」への道
老いた木にも花は残る／芸術の完成は老いた先にある

規範から自由になる／超高齢化社会における「初心」とは

第3章
離見の見……………………073
「幽玄」とは何か／あらゆるものを幽玄に演じよ
調子を整え、機をうかがい、声を出す／場は生き物
時に当たればうまくいく／目は前を見て、心は後ろに置く
わかりやすさの理由

第4章
秘すれば花……………………103
循環する勝負の波をつかめ／奥の一手を常に準備し続けよう
自分をコピーしてはならない／悲運の末、自由の境地に

能と世阿弥　関連年表……124

ブックス特別章
能を見に行く……126
写らないものが写る時／ワキ正面から見る
矢来能楽堂の思い出／能を良いものとしてきた「なにか」
能は場所を選ばない／みんながプロデューサーになれる
能の見方、楽しみ方

あとがき――テレビの後で……149

＊本書における『風姿花伝』の引用は世阿弥『風姿花伝・三道』（竹本幹夫訳注、角川ソフィア文庫）、『花鏡』の引用は世阿弥『風姿花伝・花鏡』（小西甚一編訳、タチバナ教養文庫）、『至花道』は『日本古典文学大系 第65』（久松潜一・西尾実校注、岩波書店）を底本にしています。

第1章——珍しきが花

能はコーディネーションの芸術

　能は、今からおよそ六百年前の室町時代に、世阿弥によって大成されたと言われています。その源流にあるのは、奈良時代に中国から伝来した散楽《さんがく》という芸能です。散楽は今で言う雑技のようなもので、綱渡りや刀投げといった曲芸や、ユーモラスな物まね芸を見せるものでした。それが日本にもともとあった滑稽な演技と融合し、平安～鎌倉時代に「猿楽《さるがく》」になったとされています。猿楽は能の直接の母体にあたるもので、世阿弥も猿楽の一派である大和《やまと》猿楽*1の出身です。

　では、その猿楽がなぜ「能」という言葉で呼ばれるようになったのでしょうか。

　能という言葉自体は、日本の芸能の中で古くから使われてきました。能は、芸能として歌、舞、物語の三つの要素を含んでいることを意味しています。猿楽は「猿楽能」とも呼ばれましたし、田植え踊りを源流とし、世阿弥の時代にも大変人気のあった田楽《でんがく》も「田楽能」と呼ばれていました。

　ちなみに、白川静《しらかわしずか》さん*2の『字統《じとう》』によれば、能という漢字は、昆虫が水の上を泳いでいる様子を表しているそうです。文字の左側が昆虫の胴体で、右側が脚を表していると思われます。つまり、能が手足をさまざまに動かす身体芸であることを示しています。

おもしろいのは、現在私たちが能を見て、「これが能らしさだ」と思っている部分のほとんどは、実は世阿弥や、世阿弥の父・観阿弥《かんあみ》[*3]が、さまざまな芸能の領域から取り入れたものだということです。例えば、世阿弥は近江《おうみ》猿楽から天女舞《てんにょまい》というものを導入しました。これは、仏教の阿弥陀来迎図《あみだらいごうず》などにある、空を舞う天女のような優美な舞です。天女舞の導入により、幽玄で美しい舞の要素が加わりました。また、これに先立って観阿弥は、歌と舞を併せ持つ曲舞芸《くせまいげい》という芸能を猿楽に取り入れました。曲舞芸は白拍子の芸とも言われ、これによって、物語の中で役者が謡いながら拍子を取って舞う、ということができるようになったのです。

これらの要素は、今でこそ当たり前に「能らしさ」として語られるものですが、実は、観阿弥や世阿弥が属していた大和猿楽にはもともとないものでした。

能は、観阿弥がその礎を築き、世阿弥が大成したと言われています。しかし、彼らはまったくオリジナルなものをつくり出したわけではありません。同時代にあり、人々に好まれていたさまざまな芸能の領域を磁場のように引き寄せ、それらをコーディネーションして、能という一つの枠の中に、今日に続く芸術をつくり上げたのです。

「はじめに」で触れたドラッカー[*4]のイノベーションの理論には、先駆者がいました。ドラッカーよりも一世代前の経済学者シュンペーター＊5です。シュンペーターは、経済の活力は革新と「新結合」から生まれると言いました。新しい結合です。すでに存在していたものでも、それを新しい結合へと再編することで、経済の活力は生まれる。世阿弥はまさしくこの新しい結合の姿として能をつくりました。異なる芸能や異なる座の芸能を新しい結合のもとにコーディネーションして、能の新しい姿をつくり出したのです。

世界初の演劇論

さて、中世における芸能の「結び手」、コーディネーターだったとも言える世阿弥とは、どのような人物だったのでしょうか。世阿弥（一三六三？～一四四三？）は、室町初期に活躍した能役者であり、生涯でわかっているだけでも五十作以上もの作品を書いた能作者です。大和猿楽の一派である結崎座《ゆうざきざ》（観世座《かんぜざ》）の棟梁《とうりよう》、観阿弥の長男として生まれました。人気役者であった父や関係のあった貴族たちから、和歌、連歌《れんが》、蹴鞠《けまり》などの教養を授けられ、役者として父とともに舞台に立っていました。十二歳の時、京都の今《いま》熊野《くまの》神社で行われた猿楽興行に父とともに出演し、臨席していた時の将軍、足利義満《あしかがよしみつ》＊6の寵愛を受けるようになります。少年時代の世阿弥は、大変な美少年だったと言われています。十三歳の時、関白二条良基《にじようよしもと》＊7から「藤若《ふじわか》」という幼名を与えられ、その時良基は、

「よくぞこんな美童が輩出したものだ」と、東大寺尊勝院の僧に宛てた手紙に書いて絶賛しました。その後も世阿弥は、たびたび義満と同席して盃《さかずき》を賜《たまわ》るなど、恵まれた時代を過ごしました。祇園祭の桟敷《さじき》に義満は世阿弥（藤若）の同席を許していますが、内大臣にもなった貴族の三条公忠《さんじょうきんただ》*8はその日記の中で、大樹（義満）は世阿弥という「児童」を寵愛しているが、この者は「散楽者」であり「乞食の所行《こつじきしょぎょう》」をする者であると評して、義満の世阿弥への扱いを非難しています。この日記を見ると、世阿弥は今日考えられる芸術家というイメージではなく、「乞食」として差別されていたことがわかります。世阿弥がそうした身分との緊張の中で生きていたことを背景にして『風姿花伝』を読むと、さらにその言葉は重みを持つことでしょう。

二十二歳の時、父・観阿弥が巡業先の駿河で五十二歳で亡くなります。世阿弥は父の跡を継ぎ、観世座の棟梁となりました。そして、足利将軍の治世の下、父から受け継いだ能をさらに守《も》り立てていくため、さまざまな革新を起こしていくのです。どのような革新を起こしたのかは、のちほど詳しく見ていきましょう。

世阿弥には大きな功績が二つあります。一つは、数多くの能の作品を書き遺したことです。世阿弥作*9ということが確実視されるものだけでも五十作品以上ですが、実際にはそれ以外にも世阿弥作のものがあるかもしれません。作者が誰であるかがはっきりしないものの中に世阿弥作のものか世阿弥の手が入ったものがあるかもしれません。

世阿弥は能の本を書くことが能役者のもっとも大事なことであると書き遺しています。現在では、能役者が作品を書くことはなくなってしまいました。現在だけではなく、世阿弥以後の数世代後からは新しい作品を書くということはなくなりました。それだけ世阿弥は偉大であり、偉大すぎたのかもしれません。

世阿弥が書いた作品は、今でもほぼそのままの形で上演されています。逆に言うと、現在上演されている能は、約六百年前に世阿弥が書いたものか、世阿弥から一世代もしくは二世代あとの世代が書いたものにほぼ限られています。このような形で続いている芸能は、他にはほとんどないでしょう。ヨーロッパのオペラは、バロック・オペラというスペクタクル劇もありますが、あまり上演されることはなく、現在常時上演されるのは、モーツァルト[*10]以後であり、モーツァルトのオペラ作品が初演されたのは、一七六〇年代から九〇年代にかけてです。

能作と並ぶもう一つの功績は、能楽論を書いたことです。古代ギリシャの哲学者アリストテレス[*11]はギリシャ劇を対象にした演劇論を『詩学』という本の中で書いていますが、それは演劇論というよりは劇作論です。文学論の範囲に収まります。世阿弥の能楽論はおそらく世界で最初に俳優自身によって書かれた演劇論であり、その代表作が、今回取り上げる『風姿花伝』です。

世阿弥は三十七歳の時、自分たちの芸を子孫に伝えるための秘伝書『風姿花伝』の執筆を開始します。『風姿花伝』は、今では広く読まれる古典の一つとなっていますが、世阿弥が書いた時には多くの人に読んでもらおうという意図はなく、あくまで自分の子供や身内に、能楽師として生き抜いていくための戦略を伝えようというものでした。

そもそも、風姿花伝の条々、おほかた、外見のはばかり、子孫の庭訓《ていきん》のため注《しる》すといへども、ただ望む所の本意とは、当世、この道のともがらを見るに、芸のたしなみはおろそかにて、非道のみ行《ぎやう》じ、たまたま当芸に至る時も、ただ、一夕《いつせき》の戯《け》笑《せう》、一旦《いつたん》の名利《みやうり》に染《そ》みて、源を忘れて流れを失ふ事、道すでにすたる時節かと、これを嘆くのみなり。

しかれば、道をたしなみ、芸を重んずる所、私《わたくし》なくば、などかその徳を得ざらん。ことさら、この芸、その風を継ぐといへども、自力より出《い》づる振舞あれば、語《ご》にも及びがたし。その風《ふう》を得て、心より心に伝ふる花なれば、風姿花伝と名づく。

（『風姿花伝』奥義）

大意を言えば、次のようになります。

『風姿花伝』は、広く人々に見せるものではなく、子孫への教えとして書いた。嘆かわしいのは、最近の能役者たちが、稽古もいいかげんで、勝手なことをやり、その場かぎりの評価をとろうとやっきになっていることである。これでは、芸の道も廃る。稽古にはげみ芸を大事にすれば、その成果は必ずあるものだ。とは言え、伝統を継ぐだけでなく、自分自身で工夫したものもあるので、そこは言葉では言えない。言葉にならないものも、伝統を背景にして心より心に伝えようとするものであるので、『風姿花伝』と名づけたのだ。

『風姿花伝』執筆の動機を、世阿弥はこう記しています。

『風姿花伝』は「序」から始まり、第一〜第七の七つのパートから成っています。その内容は、能役者の、子供から老人に至るまでの人生の各ステージの生き方や、芸能という不安定な世界に生きる者にとって何が必要かを説いた〝戦術〟の数々です。その言葉は決して難しくなく、そして驚くほど具体的です。だがそれは秘伝でした。『風姿花伝』の「第六　花修」という箇所の文末では「此《この》条々、心ざしの芸人より外は、一見《いつけん》をも許すべからず」と書いているのですから、秘伝の意識はきわめて強かったのでしょう。

世阿弥は、『風姿花伝』のほとんどを三十七〜四十四歳ころまでに書き、また五十歳

『風姿花伝』の構成

序
猿楽の歴史と能役者の心得。

第一　年来稽古条々
能役者の生涯を「七歳」から「五十有余」の七段階に分け、
それぞれの年代に応じた稽古のあり方を説く。

第二　物学《ものまね》条々
物まねは能の基本とし、「女」「老人」など九つのタイプの役柄を
演じるためのアドバイスを語る。

第三　問答条々
能の立合に勝つための実践的な九つの課題について、
問答形式で論ずる。

第四　神儀
猿楽の由来を五か条に分けて語る。

奥義
大和猿楽古来の芸を会得したうえで、他の芸風も取り入れる必要性を説く。
さらに、貴人に限らず、一般大衆に愛される重要性を説く。

第六　花修《かしゅ》
能の作品のつくり方、大夫の心得などが記される。

第七　別紙口伝《べつしくでん》
「花」についての考察。能役者が花を得るための極意を説く。

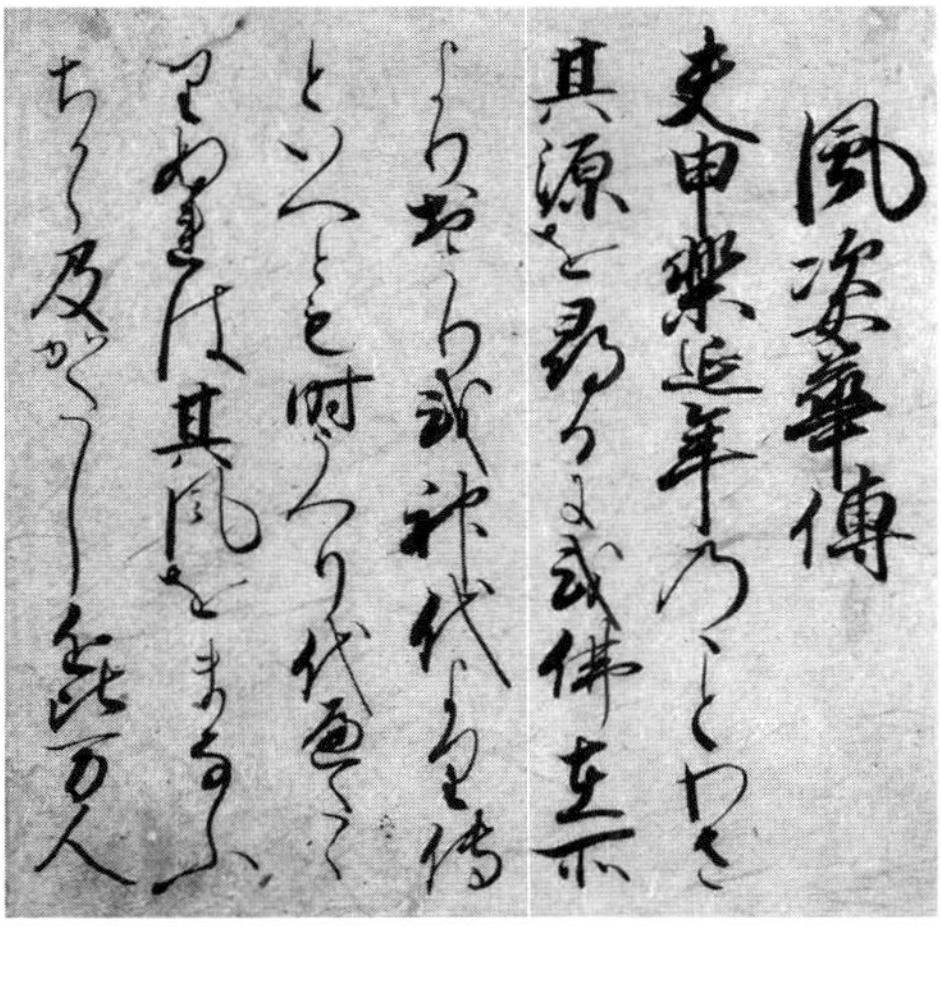

『風姿華(花)伝』
(奈良 生駒聖天 宝山寺蔵)
「奥義」まで記された室町後期の伝本で、金春本と呼ばれる。現在見られる『風姿花伝』の底本になることが多い

代に入って書き足したとされています。今の感覚からすると、キャリアのかなり早い時期だと思われるかもしれません。しかし、二十二歳という若さで一座のリーダーとなった世阿弥は、この時期において、自分たちの芸がどういうものであるかということを、のちの世代に伝えていこうと決意するのです。この「伝える」というところがポイントです。世阿弥はさまざまな領域の芸能をコーディネートし、一種の総合芸術として能をつくり上げました。それをどうやって次の世代に伝えていくのか。その時世阿弥は、父・観阿弥の時代には言ってみれば勢いでやってきたことを、のちの世代も踏襲できるよう、きちんとシステムに落とし込むということを行ったのです。

時代の転換期に生きた戦略家

世阿弥はなぜ、このような画期的な仕事を残すことができたのでしょうか。それは、世阿弥が時代の大きな転換点にいたからだと考えられます。

一つは、能が年功序列の組織から、「人気」という外部評価による組織へと変わったという転換です。これは、観阿弥の全盛期に具体的な契機がありました。京都の今熊野で、将軍足利義満臨席の下、観阿弥・世阿弥親子が演能した際、通常は座の長老がやる「翁《おきな》」*12という舞を、人気を重視して観阿弥が演じたのです。これが、父子が義満から後援を受ける契機となり、その後の能の大きな発展につながりました。と同時に、年功序列の安定した秩序が崩れ、より不安定な「人気」を中心とした激しい競争社会に突入していくことになったのです。

もう一つの転換は、能の興行のうしろだてとなるパトロンが変化した点です。能はもともと、神社や寺のお祭りで上演されるなど、宗教行事と密接に結びつく形で発展してきました。能の上演のもっとも古い記録は、貞和五（一三四九）年二月、奈良は春日神社の春日若宮臨時祭で上演されたというものです。世阿弥自身、能役者はたとえ旅興行に出ていたとしても、春日の御祭《おんまつり》*13や、奈良の多武峰《とうのみね》で行われる祭礼*14などは絶対に欠席してはならないと言っています。

しかし、同時に世阿弥は、そうした宗教的な結びつきから、能がどうやって作品として自立できるかについても考える必要に迫られていました。なぜなら、観阿弥や世阿弥が活躍した時代には、能のパトロンが神社など宗教的なものから、貴族文化を愛好した足利将軍家へと移っていったからです。世阿弥は、足利義満に始まり、義持《よしもち》*15、義教《よしのり》*16と三人の将軍の下で能に取り組みましたが、彼らの美意識や、その周りにいた文化人たちに、どうすれば能が受け入れられ、尊敬されるのかを徹底して考えぬいています。その戦略の中で、能の内容の基盤も宗教的なものから、貴族たちが愛好した文学や和歌の世

■世阿弥関連系図
数字は観世大夫の代数

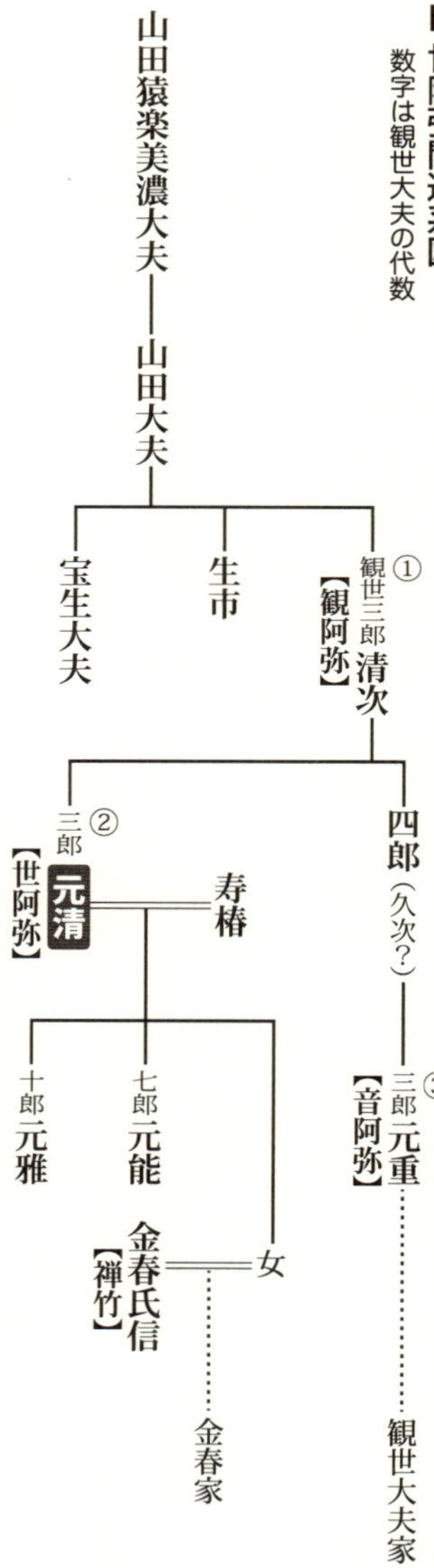

■足利将軍家略系図
数字は室町幕府歴代将軍の代数

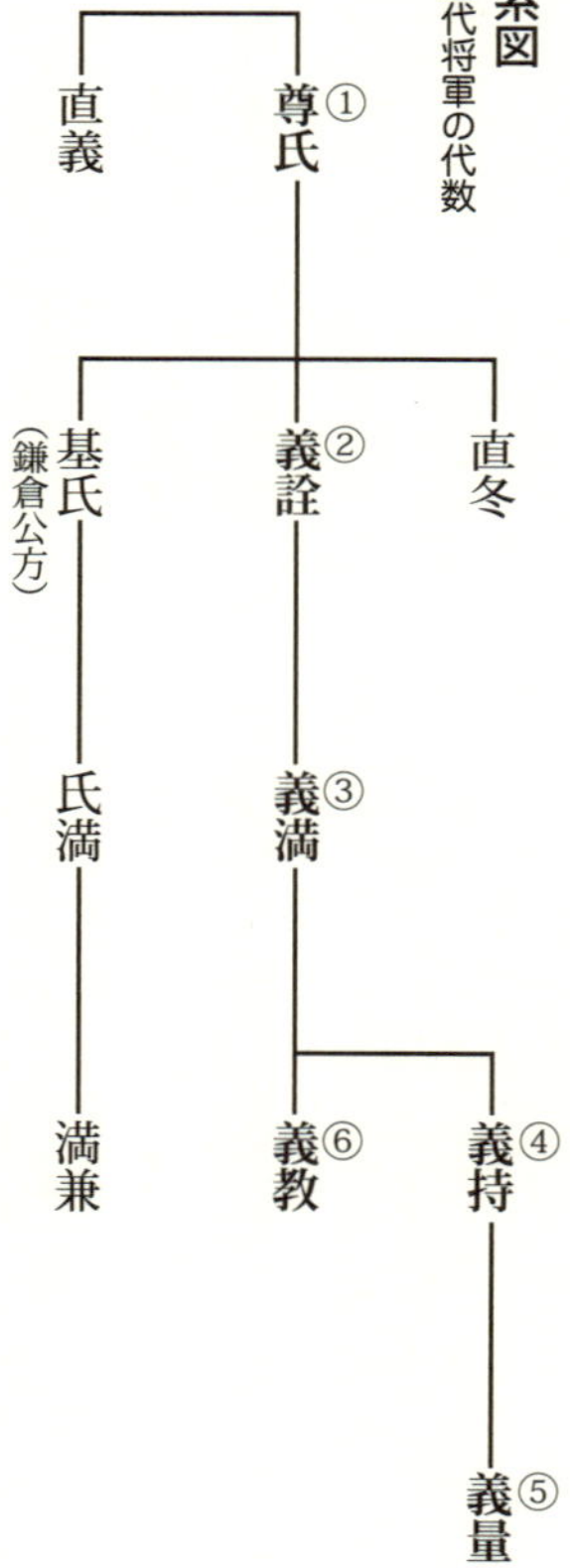

界へと移っていくのです。

世阿弥は「芸術」という言葉は使っていませんが、能を村落共同体的な「芸能」から、「芸術」として離陸させたいという思いも持っていたと考えられます。そして、そのために考え抜いた方策を、伝書として子孫に書き遺したのです。

安定から競争へ。村落共同体から都市の文化へ。そのような時代の転換期に立っていた世阿弥だからこそ、その言葉は不安定な時代を生きる現代の私たちにもさまざまなことを教えてくれるのです。

『風姿花伝』には、能役者としての稽古《けいこ》の積み方や年の重ね方が、一つのシステムとして極めて具体的に書かれています。その背景に私は、「才能はありのままに任せればよいのではない。才能はつくられるものだ」という世阿弥の信念を見ます。

天性の才能というものはもちろんあるでしょう。世阿弥もそれは認めていました。しかし一方で、努力することでつくられる才能もある。正しく稽古すれば才能は開花する。そう世阿弥は書いていました。

このことを思うと、近代の小説家正宗白鳥《まさむねはくちょう》*17の逸話をいつも思い出します。白鳥はある編集者に小説家になるようにすすめます。その編集者は、「才能がないので」と答えました。白鳥はそれに対して「才能なんて」とつぶやいたと言うのです。才能で小説を書くのか、と言いたいのでしょう。それではどうやって小説を書くのか。

この話につながることで、直接聞いた話で、唸《うな》りたくなる話もあります。画家の入江《いりえ》観《かん》さん*18は現在の画壇を代表する一人ですが、師として仰いでいたのは、今も多くのファンがいる近代画壇の重鎮中川一政《なかがわかずまさ》*19でした。入江さんは、神奈川県真鶴《まなづる》にある「中川一政美術館」の美術館運営審議委員です。ある時、入江さんが手を怪我して、そのために絵が描けないと中川一政に言ったそうです。その時に中川一政が言ったセリフが凄い。「君は手で絵を描くのか」。この話を入江さんから聞いた時は、本当に唸りました。才能とか技術ではない、他の何かがあって、小説も絵もできる。世阿弥が稽古を重視し、傲慢になるなと言い続けて、能役者となるためのシステムを考えた時、正宗白鳥や中川一政と同じ問題を提起しているにちがいないのです。

世阿弥が起こしたイノベーションとは

世阿弥は、能の世界にさまざまなイノベーションを巻き起こしました。ここでは、その代表的なものをいくつか見ていきましょう。

まず挙げられるのは、新しい物語のシステム（形式）を確立したというイノベーションです。このシステムは、世阿弥の言葉では「二ツ切《ふたつきれ》の能」と言われ、能の研究者の間では「複式夢幻能《ふくしきむげんのう》」と呼ばれるものです。物語が前半と後半の二つに分かれていて、後半は、前半に登場した人物の見る夢が舞台上で演じられる、という形式です。これは世阿弥が確立し、今でも上演し続けられている能の物語の定型です。どのような物語になるのか、簡単に説明します。

まず、舞台にワキと呼ばれる旅の僧が登場します。やってきたところは、『源氏物語』[*20]や『伊勢物語』[*21]など、誰もが知っている物語や和歌にゆかりのある場所という設定です。そこに、シテと呼ばれる主人公が、里の女の姿で登場します。里の女ですから、普通の女性の格好をしています。この女が旅の僧に、ここがいったいどういう場所であるかを説明し、ここで起こった物語について語ります。そして終わり際に、実は自分はその物語に出てくる人物の亡霊である、という秘密を明かして去っていきます。これで前半が終わります。

次に、前半と後半の間になされる間狂言《あいきようげん》で、旅の僧と別の里人とのやりとりがあります。旅の僧が「さきほどこんなことがあったが、あれはいったい何だったのだろう」と聞く。すると里人が、「その人こそ、物語に登場する女性だったのだ」と答えます。旅の僧が、「もう一度その物語を話してくれないか」と頼むと、里人が正面の観客席の方に向き直り、「この土地には実はこういう物語があった」と話をします。さらに旅の僧に、「物語に登場する人はすでに亡くなっていて、さきほどの女性はその亡霊だから、弔《とむら》ってくれ」と頼みます。

ここからが後半で、旅の僧はそこで眠りにつき、その夢の中に、さきほどの主人公が過去の物語の中の姿になって登場します。物語の主人公ですから、今度は美しい装束《しょうぞく》を着て出てきます。例えば、世阿弥の代表作の一つである「井筒《いづつ》」という作品では、在《あり》原業平《わらのなりひら》*22の妻であった紀有常女《きのありつねのむすめ》という女性が、前半では里の女として、唐織《からおり》という着物で登場し、後半では、在原業平がかつて宮中で着ていた初冠《ういかぶり》という冠と長絹《ちょうけん》という装束を着け、美しい男性の姿で出てきます。男性の役者が女性の主人公を演じ、さらに男装をして出てくるわけですから、相当なセクシュアリティのねじれがあります。主人公は、舞台の真ん中に置かれた井戸（井筒）をのぞきこみ、「見れば、懐かしや」と言う。水に自分の姿を映しながら、業平の姿をそこに見て懐かしむわけです。そして、その女の成仏《じょうぶつ》できない苦しみを僧が弔い、最後、僧の夢が覚めて舞台は終わりとなります。これが、世阿弥がつくり出した「二ツ切の能」の物語のパターンです。

このパターンの発見は、能に画期的な力をもたらしました。このシステムが発案されたことにより、能の量産体制が確立されたからです。旅の僧と、ある物語の場所と、僧

能のパターン展開

【二ツ切の能】複式夢幻能の構成

【前場】

旅僧**（ワキ）**がある土地を訪ね、見知らぬ者**（前シテ）**に出会う

その者が土地にゆかりの出来事や人物について見てきたかのように語る **〈名所教え〉**

「私こそ、そのゆかりの者だ」と名乗って消える

【中入り】

〈間狂言〉で里人**（アイ）**が旅僧に逸話を詳しく語り、弔いを勧める

【後場】

旅僧の夢の中にその者の霊**（後シテ）**が往時の姿で現れる

昔の出来事を再現し、苦悩を舞ってみせる

夜が明け、旅僧が夢から覚めるとともに霊は消えていく

二ツ切の能の代表作「井筒」の構成

【前場】

旅僧が秋の在原寺に立ち寄ると、里女が現れる

里女は、在原業平と井筒の女の恋物語を語る

「自分こそは、井筒の女といわれた紀有常の娘だ」と明かして消える

【中入り】

腑に落ちない旅僧に里男が物語を語り、井筒の女の弔いを勧める

【後場】

井筒の女の霊が旅僧の夢に現れる

女は業平の形見の衣装をまとって恋慕の舞を舞い、井戸の水面に自らの姿を映しては業平の面影を求める

夜が明け、旅僧が夢から覚めるとともに女は消えていく

が見る夢。この形式を用いれば、あらゆる物語を能の形に構成することができます。例えば、旅の僧が奈良の石上《いそのかみ》神宮の近くへやってくれば、さきほど挙げた「井筒」になり、京都の千本を舞台にすれば、藤原定家と式子内親王《しょくしないしんのう》の愛憎を描いた「定家」という能になる。つまり、新たにオリジナルの物語を創作しなくとも、既存の物語の舞台に僧が訪れていけば、同じ構造の物語がどんどんできるわけです。

また、パターンが決まっているということは、今度はどの物語が取り上げられるのだろう、後半のシテはどんな装束で登場するのだろうといった、観客側のヴァリエーションへの期待にもつながります。

世阿弥以後、世阿弥の息子である元雅《もとまさ》*23や、女婿《むすめむこ》である金春禅竹《こんぱるぜんちく》*24もこのシステムを使いながら作品をつくることができました。逆に、このシステムがあまりによくできているがために、これをいかに壊していくかという挑戦にもつながりました。いずれにしても、世阿弥はこの複式夢幻能という形式を発案したことによって、今日私たちが見ている能の基本的なパターンをつくってしまった。そこにやはり、世阿弥の偉大な創造性があると思います。

メディア芸術という先進性

　この複式夢幻能によって生み出された、想像力を喚起する方法論の一つに、「名所教え」というものがあります。これは、物語の前半、里の者が旅の僧にその土地の風景や名所を次々に説明するという形で、何もない能舞台の上に、想像上の土地の風景を出現させるというものです。例えば「融《とおる》」*25という能では、旅の僧が里の老人に、「ここに見えている山々はいずれも名所でしょうか、教えてください」と聞きます。すると老人が、「あそこに見えるのは音羽山《おとわやま》、あれは和歌にも歌われた清閑寺《せいかんじ》、今熊野というところもあります」と、京都の山々を次々に紹介していきます。そうすることで、京都を知らない人にとっても、そこにヴァーチャルなパノラマとして京都の風景が立ち現れます。そして、たいていそこには月がかかっています。月と山々の風景を描き示すことで、観客の視線を舞台上からそらし、遠く離れたところに世界が見えてくるようにする。これを世阿弥は「遠見《えんけん》」と言い、前半に入れるべき重要な要素だとしています。これにより、観客もヴァーチャルなパノラマにすっぽりと包まれるようになるからです。

　世阿弥が名所教えを発案したことで、能には、いわゆる観光旅行的な楽しみも加わることになりました。

　複式夢幻能でもう一つ注目すべき点は、やはり「夢」という装置を作品に導入したことでしょう。世阿弥が活躍した中世は、夢に対する関心が非常に高まった時代です。しかしその場合の夢とは、自分たちにどういう運命が降りかかってくるのかを予見する、いわゆる夢占いが中心でした。世阿弥の夢は違います。世阿弥は、物語を映し出すスクリーンとして、夢を活用したのです。

われわれ誰もが見る夢をスクリーンに見立て、そこに映し出されるストーリーを、能舞台の上に再現してみせた。これは、現代の私たちが映画やテレビといったメディアを通して物語を楽しむこととまさに同じだと言ってよいでしょう。世阿弥はそのような技術がまったくない時代に、夢というメディアを使って物語を視覚化してみせた。単に物語をそこでやってみせるのではなく、スクリーンを通して見せようとしたわけです。そこが普通の演劇とは違うところです。

世阿弥にとって夢は、過去の物語をよみがえらせるためのメディアでした。そこでは自由に物語をよみがえらせることができ、組み替えることもできます。夢という自在なスクリーンを使った能のシステムは、六百年以上を経た現在まで残っています。それは、夢がいずれ廃れる機械的なテクノロジーではなく、人間誰もが常に持っているシステムであり、物語を自由に映し、かつ編集したりもできる装置だからです。世阿弥による夢の発見の意義は、いくら強調してもしきれないでしょう。

古典文学を視覚化するヴィジュアル革命

世阿弥のもう一つのイノベーションは、これまでも少し触れていますが、文学作品を初めて舞台上に視覚化したということです。これは現在、漫画や小説がテレビドラマになったり映画化されたりするのと同じだと言えます。意外に思われるかもしれませんが、能には創作劇というものがほとんどありません。世阿弥にもオリジナルの創作は少なく、多くの作品は、『源氏物語』や『平家物語』[*26]など世に知られた文学や和歌に典拠を持っています。これらのもともとの物語を世阿弥は「本説《ほんせつ》」と言っていますが、言い換えれば能とは、本説をもう一度語りなおすための「装置」なのです。

世阿弥をはじめ、能の作者たちがもっとも好んだ本説の一つが『源氏物語』です。おもしろいことに、世阿弥は『源氏物語』そのものは読んでいないと言われています。『源氏物語』の本文を一度も引用したことがないからです。今では、『源氏物語』を読まなくてもおよその内容がわかるダイジェスト本が出ていますが、当時も『源氏大綱《げんじたいこう》』など似たような本があり、世阿弥もそれは読んでいたようです。

もう一つ読んでいたであろう重要な本が、『源氏寄合《よりあい》』と呼ばれる連歌のための辞書です。連歌とは、和歌を上句と下句に分け、何人かで交互に句を詠《よ》み連ねていく一種の歌遊びです。その時に使う辞書に、例えば『源氏物語』賢木《さかき》の巻の「野宮《ののみや》」という言葉が連歌で出てきた場合は、「黒木の鳥居」「小柴垣《こしばがき》」「秋の草」「虫の音」といった言葉を用いて続きの句をつくるようにと書いてある。世阿弥の女婿金春禅竹作といわれる、光源氏の愛人六条御息所《ろくじょうのみやすどころ》の恋の悲嘆を描いた「野宮」という能がありますが、そこにはまさに、『源氏寄合』で示されている言葉が出てきます。

つまり、世阿弥やその周辺の能作者は『源氏物語』を取り上げていると言っても、『源氏物語』そのものを能にしているわけではないのです。『源氏物語』について、人々がこういうところがおもしろいと感じていることや、『源氏物語』について語られたさまざまな言葉の集積からうまく要素を持ってきて、それらを組み合わせて作品をつくっている。『源氏物語』を直接引用するのではなく、連歌といった当時の文学的イベントの中で受け入れられ、濾過《ろか》されてきたものを受け止めて、能をつくっているわけです。

これが意味するところは、観客と作者との関係性の存在です。世阿弥や金春禅竹が『源氏物語』そのものではなく、連歌の世界へと広がった『源氏寄合』をもとに能をつくったならば、それは、『源氏物語』だけではなく、『源氏物語』を受容している多くの人たちの感覚とイメージの領域を含んだ能だと言えるでしょう。つまり、『源氏物語』を題材にして能をつくったとしてもそれは世阿弥や金春禅竹一人の創造力ではなく、人々の感覚の共同の場所をとおしてつくられたと言えるのです。そこには、常に観客

（マーケット）を意識していた世阿弥の姿勢が表れていると言えるでしょう。

新しいものこそおもしろい

ここまで、世阿弥が能の世界にもたらした革新の数々を見てきましたが、最後に、世阿弥の革新を象徴する概念として、「花」という言葉を紹介します。「花」は、世阿弥が能楽論で使った言葉の中で、現在でももっともよく使われている言葉です。「あの役者は花がある」などという言い方を、みなさんも聞いたことがあると思います。世阿弥は、能にとってもっとも大切なものを、「花」という言葉で象徴しました。それは何かというと、ずばり、「新しいこと」「珍しいこと」です。世阿弥はそう言い切っています。

そもそも、花といふに、万木千草において、四季折節に咲くものなれば、その時を得てめづらしきゆゑに、もてあそぶなり。申楽《さるがく》も、人の心にめづらしきと知る所、すなはち面白き心なり。花と、面白きと、めづらしきと、これ三つは同じ心なり。

（第七　別紙口伝）

花と言えば、四季折々の花がある。季節が変わって咲く花であるからこそ、その花は珍しいものとなり、人々も喜ぶ。能も同じである。人にとって珍しく新しいものであるからこそ、おもしろいと感じる。つまり、「花」と「おもしろい」と「珍しさ」は同じことなのだ。

これは、人気に左右される芸能の世界で勝つために、世阿弥が至った核心です。常に新しいもの、珍しいものをつくり出していくことが大切だということです。例えば、毎回同じ演目を演じていては、観客に飽きられてしまいます。観客は今まで見たことがないものを見たいわけですから、もっとも大きな珍しさに値するのは新作です。ですから世阿弥は、自ら作品をつくることが大事だと繰り返し説きました。また、世阿弥がつくり上げた複式夢幻能というパターンも、新しいものの創造に大きく役立っています。パターンがあるとマンネリ化に陥る危険はあるのですが、同時に、新しいものを効率よく生み出す装置としては、非常に有効です。パターンの中に違う物語や題材を当てはめていけば、次から次に新しいものをつくることができるからです。

とかく私たちは、「能は伝統芸能だから、いつも同じことをやっているのだろう」と思いがちです。ところが、世阿弥の時代はそれをやっていたら勝てませんでした。実は、同じことは今でも言えるのです。現在の能でも、演じる側が常に「珍しきが花」という気持ちを持っていなければ、人々におもしろいと思ってもらえるものにはなりません。たとえ繰り返し演じられる演目でも、「今日は違うな」と思わせるものがないといけない。それは何かを考えることが、能楽師の役割だと思います。同じ「井筒」をやるにしても、今回は装束を変えてみようとか、演出を変えてみようとか。本当に優れた能楽師なら、常に「珍しきが花」「新しきが花」ということを考えているはずです。それが、世阿弥以来の能の精神です。

これは、ドラッカーが提唱するイノベーションとまったく同じものだと言えます。一からの創造だけでなく、物事の新しい切り口やとらえ方を創造することが革新なのです。これまでよかったからと言ってそこに安住していると、結局何の進歩もない。どんなによくても、それをいかに壊して、超えていくかということを考えなかったら、人気や景気という不安定なものが支配するマーケットでは勝てないのです。

最初に紹介したように、世阿弥が天女舞などの芸能を取り入れた理由は、シンプルにマーケットで勝つためです。人気のある芸能を遠ざけるのではなくむしろ取り入れて、自分なりにアレンジして、新しい形に仕立てて打ち出していく。シュンペーターの言う「新結合」です。

オリジナリティにこだわる前に、今あるものをいかに新しくするか。イノベーションが起きにくいと言われる今の日本は、その精神を少し忘れかけているのかもしれません。

一方、能がなぜ六百年も続いてきたのかを考えれば、それは世阿弥が言い当てた「珍しきが花」という核心を脈々と受け継ぎ、止まることなく創造を続けてきたからだと言えるでしょう。

＊1　大和猿楽

大和国（奈良）の社寺の神事に従事した猿楽諸座の総称。とくに春日神社の神事に従事した四座（結崎座、外山座、円満井座、坂戸座）はその中心的存在だった。

＊2　白川静

一九一〇～二〇〇六。中国文学者。甲骨文、金文を解読し、漢字の起源や日本の国語として漢字を摂取する過程を解明。その成果を「字統」「字訓」「字通」の漢字辞典三部作にまとめた。

＊3　観阿弥

一三三三～八四。山田猿楽の家に生まれる。能役者、能作者。大和猿楽の結崎座（のちの観世座）を率いて京都に進出。今熊野で演じた猿楽を契機に将軍足利義満の支援を受け、観世座の初代大夫として一座の基礎を築く。作品に「卒《そ》都婆《とば》小町」「自然居士《じねんこじ》」「通《かよい》小町」など。

＊4　ドラッカー

一九〇九～二〇〇五。オーストリア生まれの経営思想家・経済学者。「顧客の創造」「知識労働者」「企業の社会的責任」「民営化」など新しい経営概念を生み出し、経営界に多大な影響を与えた。著書に『断絶の時代』『マネジメント』など。

＊5　シュンペーター

一八八三～一九五〇。オーストリア生まれの経済学者。企業者によるイノベーションが経済発展の起動力になるという独自の理論を展開。著書に『経済発展の理論』『資本主義・社会主義・民主主義』など。

＊6　足利義満

一三五八～一四〇八。室町幕府三代将軍。在職一三六八～九四。十一歳で将軍職を継ぎ、一三九二年に南北朝を合一させ、有力守護大名をおさえて幕府権力を確立。明との国交を再開し「日本国王」として冊封を受けた。出家後は京都北山に金閣を建て、猿楽を保護するなど、いわゆる北山文化を開花させた。

＊7　二条良基

一三二〇～八八。歌人、連歌作者。数代の天皇に仕え、関白、太政大臣、摂政を務めた。『菟玖《つく》波集《ばしゅう》』の編集など、文芸活動の指導者としても活躍。東大寺尊勝院の僧宛の手紙は、「自二条殿被遣尊勝院御消息詞」といい、徳川博物館が所蔵。藤若の美しさと連歌や蹴鞠の才能を絶賛し、見出した将軍義満の鑑識眼を讃えている。

＊8　三条公忠

一三二四～八三。公卿。歌人としても知られ、有職故実に通じ、書にも優れていた。日記「後《ご》愚昧記《ぐまいき》」は南北朝時代後期の公家社会を知る重要な史料となっている。

＊9　世阿弥作

「高砂」「老松」「忠度《ただのり》」「清経」「実盛」「井筒」「檜《ひ》垣《がき》」「砧」「融《とおる》」などのほか、観阿弥作品の改作もある。

＊10　モーツァルト

一七五六～九一。オーストリアの作曲家。ハイドンらと並んで古典主義を確立。交響曲・協奏曲・室内楽曲・ピアノソナタなど六百曲以上の作品を残した。オペラの代表作に「フィガロの結婚」「ドン・ジョバンニ」「魔笛」など。

＊11　アリストテレス

前三八四～前三二二。古代ギリシャの哲学者。プラトンの弟子。〈万学の祖〉と呼ばれるように、あらゆる存在を説明する、古代で最大の学的体系を立てた。『詩学』は悲劇と叙事詩についての部分が現存している。

＊12　「翁」

天下泰平と五穀豊穣を祈るために神事で行われる舞。白い翁面の翁と黒い翁面の三番叟《さんばそう》が舞う。「能にして能にあらず」といわれるように、能や狂言が成立する以前の古い様式を伝え、鎌倉初期には成立していたとされる。世阿弥の『中楽《さるがく》談儀』では「猿楽の根本」として神聖視された。

＊13　春日の御祭

春日大社の摂社・若宮神社の祭。現在は十二月十七日を中心に行われる。春日大社を氏神とする藤原氏により一一三六年に始められたという。田楽・舞楽・猿楽など多くの芸能が演じられる。

＊14　多武峰の祭礼

多武峰の山腹にある多武峯寺（明治以降、談山神社となる）で行われる祭礼。世阿弥の時代には、大和猿楽四座に春日の御祭と多武峰の祭への参勤の義務が課せられていた。

＊15　足利義持

一三八六～一四二八。室町幕府四代将軍。在職一三九四～一四二三。九歳で元服して将軍職を継いだが実権はなく、父・義満が政務を執った。義満の死後は日明貿易を中止するなど、反目した義満の政治をあらためた。

＊16　足利義教

一三九四～一四四一。室町幕府六代将軍。在職一四二九～四一。幼時に後継者から外れて出家し天台座主となる。五代将軍義量《よしかず》が早逝し、実権を握っていた兄・義持も急死した後、くじによって選ばれ将軍となる。猿楽能を好み、元重（音阿弥）を寵愛する一方で世阿弥父子を弾圧し、世阿弥を佐渡へ配流した。

＊17　正宗白鳥

一八七九～一九六二。小説家、劇作家、評論家。「何処《どこ》へ」などで自然主義作家として知られた。戯曲にもすぐれ、『作家論』などの評論執筆にも力を注いだ。

＊18　入江観

一九三五年生まれ。洋画家。女子美術大学名誉教授。一九六二年にフランス政府給費留学生として渡仏。帰国して春陽会会員となる。中川一政の勧めで版画制作を始め、旅行に同行するなど交流を深めた。

＊19　中川一政

一八九三〜一九九一。春陽会の創立に参加。躍動感あふれる筆触と東洋的で詩的な表現に独自の境地を開く。日本画・随筆・書・陶芸などでも活躍。

＊20　『源氏物語』

平安中期の長編物語。五十四帖。紫式部作。光源氏を中心とした平安貴族の物語。『源氏物語』を翻案した能に「野宮」「葵上」などがある。

＊21　『伊勢物語』

平安前期の歌物語。作者不明。主人公は在原業平をモデルとしたと思われる。『伊勢物語』を翻案した能に「井筒」「杜若《かきつばた》」「雲林院」「隅田川」などがある。

＊22　在原業平

八二五〜八八〇。平安初期の官人、歌人。六歌仙の一人。阿保《あぼ》親王の五男、母は伊都《いと》内親王。美男で情熱的な生き方をし、学才はないが和歌に優れたという。

＊23　観世元雅

？〜一四三二。能役者、能作者。世阿弥の長男。世阿弥の出家後、観世大夫を継ぐが、元重（音阿弥）贔屓《ひいき》の足利義教が将軍になると父子ともに冷遇され、活動を封じられた。世阿弥は元雅の才能を高く評価し、後継者として期待していたが、興行先の伊勢の津で急死。能作品に「隅田川」「弱法師《よろぼし》」「盛久」などがある。

＊24　金春禅竹

一四〇五〜七〇？　能役者、能作者。世阿弥の女婿。長男・元雅を失くした世阿弥から嘱望されて相伝を受け、後継者となる。世阿弥の佐渡配流中も家族の世話をした。元重（音阿弥）と並び称される人気役者となり、金春座中興の祖となる。禅的哲学や歌道を取り入れた能楽論を展開。能作品に「定家」「賀茂」「芭蕉」などがある。

＊25 「融」

世阿弥作。左大臣源融が自邸跡に現れ、訪れた旅僧に京の山々を指さして教え、昔を懐かしみながら舞を舞い、月景色を愛でる。『古今和歌集』や『今昔物語集』などの融大臣の説話をもとにした物語。

＊26 『平家物語』

十三世紀に成立。平家一門の栄枯盛衰を描いた戦記物語。『平家物語』を翻案した能に「敦盛」「忠度」「経政」「清経」「通盛《みちもり》」「知章《ともあきら》」など数多くある。

第2章——初心忘るべからず

人生にはいくつもの「初心」がある

世阿弥は、能という芸術に精進する道を、決して抽象的な言葉ではなく、「年齢」という極めて具体的な指標との関係において語りました。身体芸である能にとって、年齢とともに進む肉体的な変化と衰えをどう克服するかが、大きな課題だったからです。

まずは、「初心忘るべからず」という言葉から紹介しましょう。これは、『風姿花伝』ではなく、五十歳半ばに書かれた『花鏡《かきょう》』*1という伝書に書かれているものですが、『風姿花伝』にも、「初心」のことは出てきます。

おそらく誰もが知っている言葉だと思いますが、これが世阿弥の言葉だということは知らない人も多いのではないでしょうか。「初心忘るべからず」とは、一般的に、はじめの志を忘れてはならない、という意味に理解されていると思います。ニュースでたまに見る企業の謝罪会見などでも、「初心に返りまして」などと言っていますが、その意味は「会社創業時の志に返って」といったことだと思います。これはこれで間違いとは言えないのですが、世阿弥が言った「初心忘るべからず」は、もう少し複雑で繊細な意味を持っています。

しかれば、当流に、万能一徳《まんのういっとく》の一句あり。
初心不レ可レ忘《しょしんわするべからず》。
この句、三箇条の口伝《くでん》あり。
是非初心不レ可レ忘《ぜひのしょしんわするべからず》。
時々初心不レ可レ忘《じじのしょしんわするべからず》。
老後初心不レ可レ忘《ろうごのしょしんわするべからず》。

（『花鏡』奥段《おくのだん》）

ご覧いただいてわかる通り、世阿弥が言う「初心」は「最初の志」に限られてはいません。世阿弥は、人生の中にいくつもの初心があると言っています。若い時の初心、人生の時々の初心、そして老後の初心。それらを忘れてはならないというのです。

若い時の初心とは、具体的には二十四〜五歳のころを言っています。能役者の場合、まずは稚児《ちご》姿がかわいらしい子供時代があり、声変わりなどをして苦労する青年時代がある。そして二十四〜五歳になると、いわば成人して声も落ち着き、舞も舞えるようになる。すると周りが、「ああ、名人が登場した」「天才が現れた」などと褒めそやしたりします。それで思わず、「自分は本当に天才なのかもしれない」と思ったりするわけですが、実はそれが壁なのだと世阿弥は言うのです。それは、その時々の一時的な花に過ぎない、そんなところでのぼせ上がるのはとんでもない。そこにまさに初心が来るのです。

この頃の花こそ初心と申す頃なるを、極めたるやうに主の思ひて、はや申楽《さるがく》にそばみたる輪説《りんぜつ》をし、至りたる風体をする事、あさましき事なり。たとひ、人も褒め、名人などに勝つとも、これは一旦めづらしき花なりと思ひ悟りて、いよいよ物まねをも直にし定め、名を得たらん人に事を細かに問ひて、稽古をいや増しにすべし。

（『風姿花伝』第一　年来稽古条々）

まことにこの時が「初心」である。それを、あたかも道を極めたかのように思って、人々に話をし、さもそのように舞台で舞ったりするのは、なんとあさましく、嘆かわしいことであろう。

むしろこの時期こそ、改めて自分の未熟さに気づき、周りの先輩や師匠に質問したりして自分を磨き上げていかなければ、「まことの花」にはならない。そこで満足して何もしなければ、芸もそこで止まってしまうからです。若いころの名人気取りを「あさましき事」と世阿弥は言うのです。確かに、こうした「あさましき事」は、今でもあるかもしれません。人気をいいことに、まだ若いのに名人気取りになっている俳優や音楽家はいるかもしれません。

人間誰しも、すごい新人が現れたと言ってみんなが褒めてくれる時期が一回は来るでしょう。しかし、次の年になれば、またあらたな新人がやってくるのです。だからこそ、新しいものへの関心からみんなが褒めたたえてくれている時、その中に安住してはいけないと世阿弥は言っているのです。そこでいろいろと勉強しなおして初めて、その上のステップに行けるというのです。

「老いの美学」の確立

しかし、その上のステップに行っても、また初心が来ると世阿弥は言います。いわゆる中年の壁です。世阿弥は、能楽師は三十代半ばが頂点だと言っています。逆に言うと、ここで頂点になれない人には、それ以上はないのです。年齢的に言っても、あとは落ちるだけだからです。ここに壁があります。頂点に立てなかったらどうするのか。現実には、トップになれるのは一握りで、トップになれない人の方が多いわけですから、大多数はここに当てはまります。ここに、次の初心が来るというのです。

そして最後に、老いてのちの初心が来ると言います。年を取り、体が動かなくなってきて、声も出なくなってきた。この壁をどう超えていくのか。

その時分々々《じぶんじぶん》の一体々々《いっていいってい》を習ひ渉《わた》りて、また、老後の風体に似合ふことを習ふは、老後の初心なり。

（『花鏡』奥段）

この言葉は、実は非常に重要なことを意味しています。というのも、世阿弥は、年を取ったからといって能は終わりではないと言っている。そのあとがあるのだ、老いてこそふさわしい芸というものがあるから、それに挑むべきだと言っているのです。

ヨーロッパの身体芸術では、年を取ってからなお芸が進化するといった考えは、あまり見られません。オペラの世界には高齢の歌手もいることはいますが、オペラ作品そのものには出演しなくなり、有名な歌だけを歌うリサイタル活動が中心になったりします。オペラにしてもバレエにしても、ヨーロッパの身体芸術は総じて「青春の芸術」と言えるでしょう。

一方世阿弥は、能役者の頂点は三十代だけれども、老いたのちにも初心があると言うわけです。自分の肉体が老いてしまったあと、その壁をどうやって超えていくのかという初心です。つまり世阿弥は、能を一生をかけて完成するものとして考えていたのです。肉体が衰えても、その先がまだあると考えた。ここが世阿弥のすごいところです。世阿弥がこう言ったことで、のちの日本の芸能ははっきりと変わったと言ってよいでしょう。

世阿弥以後に隆盛した芸能として、歌舞伎が挙げられます。歌舞伎の舞台は、今でも年を取った役者がよく出てきます。われわれが、舞台に老役者が出てきて若い役や娘の役をやっても違和感なく見ていられるのは、日本人の美意識の中に、「老いてのちの何かがある」という期待があるからです。だから、高齢の役者を見て、「ああ、名人だ」と感嘆したりするわけです。逆に、役者が若くして亡くなったりすると、一番大事なものを見られずに逝《い》ってしまったということになる。日本の芸能では、「年を取ったあとの完成」ということが常に考えられているのです。

世阿弥は、日本の芸能の特徴とも言える「老いの美学」を、身体芸の世界で初めて確立した人物です。世阿弥がそのように考えるに至った背景には、父・観阿弥の存在があります。世阿弥は父の最晩年の舞台を見て、そこに「老木《おいき》に残る花」を見たとはっきり書き遺しています。このエピソードについては、のちほど詳しく紹介します。

では、世阿弥が言う「初心」とは、結局のところ何を意味するのでしょうか。世阿弥が言う「初心」とは、今まで体験したことのない新しい事態に対応する時の方法、あるいは、試練を乗り越えていく時の戦略や心がまえだと言えるでしょう。「初心忘るべからず」とは、そのような試練の時に、自分で工夫してそれを乗り越えよう、あるいはその時の戦略を忘れずにいよう、ということなのです。毎年新しく増える年齢というものはいろいろな面で壁になるけれど、それを超えていくための何かを発見しなさいということなのです。

ですから「初心忘るべからず」とは、現在広く使われているような「若い時の気持ちに戻って」という意味では決してありません。最近はとかく、高齢者の体力が向上したことや、若者並の運動能力を誇る元気なお年寄りが注目されていますが、世阿弥は決して「心も体も若くあれ」と言ったのではないのです。年を重ねていくと、生理的にどうしても限界を迎えざるを得ない。その限界の中でどうやってそれを乗り越えて、なおかつ花を咲かせるのか。そこにはもちろん、体力をつけることだけでなく、いろいろな花の咲かせ方があるでしょう。世阿弥が言っているのは、老いに向かっていく人生の中で、その時々の工夫をし、自分がどう生きていくのかを考えようということなのです。

人生の七つのステージ

世阿弥は、人生には三つの初心があると言いました。この背景には、世阿弥が考える人生の過ごし方のプログラムがあります。世阿弥は『風姿花伝』「第一　年来稽古条々」において、能役者の人生を七歳から五十歳以上までの七段階に分け、それぞれの段階での稽古の仕方を示しています。そして、その段階ごとにぶつかる課題や困難を書き、それをどう受け止め、乗り越えていけばよいかを記しています。

言うまでもなく、これは六百年ほど前に書かれたものなのですが、現在の私たちが読んでも、驚くほど納得することの多い文章です。世阿弥はどんな人生プログラムを語っているのでしょうか。原文を引用しながら見ていきましょう。

世阿弥は、能役者の人生について、七歳から語り始めています。

この芸において、おほかた、七歳を以《も》て初めとす。この頃の能の稽古、かならず、その者、自然《しぜん》とし出《い》だす事に、得たる風体あるべし。舞・はたらきの間、音曲、もしは怒れる事などにてもあれ、ふとし出《い》ださんかかりを、うちまかせて、心のままにせさすべし。さのみに「よき」「悪《あ》しき」とは教ふべからず。あまりにいたく諫《いさ》むれば、わらんべは気を失ひて、能物くさくなりたちぬれば、やがて能は止まるなり。

能においては、だいたい七歳から稽古を始める。この年ごろの能の稽古は、子供が自然にやることの中に、おのずと具《そな》わった風情《ふぜい》というものがあるから、舞の稽古、ちょっとした動きの稽古、謡や鬼のような激しい動きの稽古でも、自然に出てくるものを尊重して、子供の心のおもむくままにさせるのがいい。あまり、よいとか悪いとか言わない方がいいのだ。厳しく怒ったりすると、子供はやる気がなくなって、面倒くさくなり、能の稽古をやめてしまうからだ。

世阿弥は、この年のころは厳しく稽古をつけるのではなく、子供の自発性を尊重するのがよいと言っています。これは能に限らず、この年ごろの子供への対し方の知恵とも言えるでしょう。

次の段階は十二、三歳です。少年期になり、稚児としての美しさがはっきりと表れてくる時期です。

この年の頃よりは、はや、やうやう声も調子にかかり、能も心付く頃なれば、次第次第に物数《ものかづ》をも教ふべし。

まづ、童形《とうぎやう》なれば、なにとしたるも幽玄なり。声も立つ頃なり。二つの便りあれば、悪《わろ》き事は隠れ、よき事はいよいよ花めけり。

この年ごろになってようやく声も能の音に合わせられるようになり、演技も自分の思いの中でできるようになる。何よりも稚児姿なので、それだけでも幽玄である。声も立つ。この二つがあれば、欠点も見えず、長所はさらに華やいで見える。しかし、これに続けて世阿弥は、その華やかさをいさめて言います。

さりながら、この花はまことの花にはあらず、ただ時分の花なり。

第1章で紹介したように、「花」とは世阿弥独自の言葉で、能にとってもっとも大切なもの、能役者が放つ輝きのようなものを意味します。しかしながら、このころの花は本当の花ではない、その時限りの花なのだ、と世阿弥は言うわけです。

十二、三歳のころの花はその時だけのものだから、どんなにこの時がよくても、そこで一生が決まるわけではない。だから、このころの稽古では基本を大切に、一つ一つの技術をしっかり稽古することが大事である。世阿弥はこう戒めるのです。

次にやってくるのが青年期です。世阿弥はこの十七、八歳のころ、人生で最初の関門がやってくると言います。能役者にとって、それは声変わりです。

まづ、声変はりぬれば、第一の花失《う》せたり。

声変わりは、男子にとっては宿命としてやってきます。稚児のころの高くてよく通る声は失われ、体も大きくなり、少年の愛らしさが消えていきます。当然人気も落ち、青年は失望を味わうでしょう。その時にどうすればよいのか。世阿弥はこう言います。

この頃の稽古には、ただ、指をさして人に笑はるるとも、それをばかへりみず、内にては、声の届《とづ》かんずる調子にて、宵・暁《あかつき》の声を使ひ、心中には願力《ぐわんりき》を起こして、一期の境《さかひ》ここなりと、生涯にかけて能を捨てぬより外は、稽古あるべからず。ここにて捨つれば、そのまま能は止《と》まるべし。

たとえ人が笑おうとも、そんなことは気にせず、自分の限界の中で無理をせず、声を出す稽古をせよ。心の中で願を立て、ここここそ生涯の分かれ目だと思い、能を決して捨てないという気持ちで稽古をしなければならない。ここでやめれば、能は終わってしまうだろう。

人間の生理である声変わりにぶつかって絶望する。その時こそ人生の境目であり、そこで能を捨てない意志が必要なのです。世阿弥はここで、人生があるがままの自然から、意志による選択へと移っていく転機を指摘しています。

「まことの花」への道

そして迎えるのが、二十四、五歳です。これは、さきほど初心のところでも触れたように、声変わりも乗り越えて体も一人前になり、芸も上手になるころです。名人に勝ったりもするが、その勢いに慢心してはいけない、ここが初心だと世阿弥は言います。

されば、時分の花をまことの花と知る心が、真実《しんじち》の花になほ遠ざかる心なり。ただ、人ごとに、この時分の花に迷ひて、やがて花の失するをも知らず。初心と申すはこの頃の事なり。

これは厳しい言葉です。その時限りの花をまことの花と思いこんでしまうことが、本当の花からますます遠ざかることにつながる。それも知らずにいい気になっていることほど愚かなことはない。むしろその時こそ初心と思い、謙虚に稽古に励むべきなのだ。「やがて花の失するをも知らず」。これはおそらく、能役者としてキャリアを重ね、三十代後半から『風姿花伝』の執筆を始めた世阿弥自身の経験から出た言葉でしょう。新しさゆえに集まる注目は長くは続かないから、そういう時こそ、初心を忘れず稽古に励まなければならないのです。

次にやってくるのが、三十四、五歳です。世阿弥は、このころが能の絶頂であるとしています。

裏を返せば、この年ごろまでに天下の評判を取らなければ「まことの花」とは言えないと、世阿弥は言い切ります。

この頃の能、盛りの極めなり。ここにて、この条々を極め悟りて、堪能《かんのう》になれば、さだめて天下《てんが》に許され、名望を得つべし。もし、この時分に、天下の許されも不足に、名望も思ふ程もなくば、いかなる上手なりとも、いまだまことの花を極めぬ為手《して》と知るべし。

そして世阿弥は言います。

上がるは三十四五までの頃、下がるは四十以来なり。

四十歳を過ぎればあとは下るばかりとは、これも厳しい言葉です。しかし世阿弥は、このころまでに頂点を極められなかった場合、そのあとどうするかを考えることが大事だと言っています。

ここにてなほ慎むべし。この頃は、過ぎし方をも覚え、また、行く先の手立《てだて》をも覚《さと》る時分なり。

この年齢のころは、これまでの人生を振り返り、今後の進む道を考える時である。およそ見えてきた自分のポジションを把握し、その上でどう生きるかを考える。それが大事なことだと世阿弥は言っているのです。

そして迎えるのが、四十四、五歳です。このころには、観客から見ても自分の感覚としても、花が失せてくるのははっきりしています。

なにとしても、よそ目花なし。
もしこの頃まで失せざらん花こそ、まことの花にてはあるべけれ。

この時でもまだ花が失せないとすれば、それこそまことの花である。とは言うものの、このころはあまり難しいことはやらず、自分の得意なものをさらりと演じるのがよいと世阿弥は言います。

この頃よりは、さのみに細かなる物まねをばすまじきなり。大かた似合ひたる風体を、やすやすと、骨を折らで、脇の為手に花を持たせて、あひしらひのやうに、少なすくなとすべし。

ここで、世阿弥がこの年代ですべきこととしてもっとも重視しているのが、後継者の育成です。自分よりも一座の後継者に花を持たせて、自分は控えめに出演するのがよいと言っています。

かやうに我が身を知る心、得たる人の心なるべし。

名人であればあるほど、自分の衰えを自覚してそうするものである、と世阿弥は言います。ですが、四十四、五歳と言えば、現在ではまさに現役世代。この年で後進の育成と言われても、なかなか難しいかもしれません。しかし、自分の気力や体力が充実しているうちに後進に技を伝えるということは、自分がその技をやってみせ、経験をそのまま伝えることができるということですから、理に適《かな》っていると言えます。

老いた木にも花は残る

そして、七段階に分けた最後の段階、「五十有余」がやってきます。世阿弥がこれを書いたのは三十代後半ですから、自分自身ではまだこの年齢を経験してはいません。世阿弥はここで、父・観阿弥の姿を思い出しています。

この頃よりは、大かた、せぬならでは手立《てだて》あるまじ。「麒麟《きりん》も老いては駑馬《どば》に劣る」と申す事あり。さりながら、まことに得たらん能者《のうじゃ》ならば、物数《ものかず》はみなみな失《う》せて、善悪見どころは少なしとも、花は残るべし。

「せぬならでは手立あるまじ」とは、何もしない以外に方法がないという意味です。あまり能をやるな、やっても控えめにと言うのでしょう。それが、老人になった能役者の心得でした。

それでも、本物の能役者であれば、そこに花が残るというのです。その例として世阿弥は、観阿弥が五十二歳の時に舞った能の話をします。

亡父にて候ひし者は、五十二と申しし五月十九日に死去せしが、その月の四日の日、駿河《するが》の国浅間《せんげん》の御前にて法楽仕る。その日の申楽ことに花やかにて、見物の上下、一同に褒美せしなり。およそ、その頃、物数をばはや初心に譲りて、やすき所を少なすくなと、色へてせしかども、花はいや増しに見えしなり。これ、まことに得たりし花なるがゆゑに、能は、枝葉も少なく、老木になるまで、花は散らで残りしなり。これ、眼《ま》のあたり、老骨に残りし花の証拠なり。

観阿弥は、五十二歳で亡くなる十五日前に、静岡の浅間神社で奉納の能を舞ったのですが、動きが少なく控えめなその舞は、いよいよ花が咲くように見え、見物客も称賛を送ったと言います。まさしく、老い木に残る花だったのです。

7段階の人生論（『風姿花伝』第一「年来稽古条々」より）

0 歳

▶ **七歳** ○

稽古を始めるころ。おのずと備わった風情があるので、
子供の心のおもむくままにやらせるのがよい

10

▶ **十二、三より** ○

稚児姿といい、声といい、それだけで幽玄である。

しかしその花は本当の花ではなく、その時限りの花。しっかり基本の稽古をすることが肝心

▶ **十七、八より** ○

人生で最初の関門（能役者にとっては「声変わり」）。

ここが生涯の分かれ目だと思い、諦めずに稽古を続けよ。ここでやめれば終わってしまう

20

▶ **二十四、五** ● **初心1**

声も体も一人前になり、新人の珍しさから名人に勝ったりもするが、
そこで自分は達人であるかのように思いこむことほど愚かなことはない。
そういう時こそ、「初心」を忘れず稽古に励め

30

▶ **三十四、五** ● **初心2** **能の絶頂**

この年ごろまでに天下の評判を取らなければ「まことの花」とは言えない。

これまでの人生を振り返り、今後の進むべき道を考えることが必要

「上がるは三十四五までの頃、下がるは四十以来なり」

40

▶ **四十四、五** ○

花が失せてくるのははっきりしている。難しいことはやらず、得意とすることをするべき。

後継者に花を持たせて、自分は控えめに

50

▶ **五十有余** ● **初心3**

もう何もしないというほかに方法はないが、本物の能役者なら、そこに花が残るもの。

老いても、その老木に花が咲く

60

世阿弥は、「老骨に残りし花」の価値を積極的に評価しようとしました。すべてがなくなったところに一輪の花が残っている。それはむしろ、この花を残すために今までのすべてのことがあったと言えるのではないか。そう感じたほど、世阿弥にとって強烈な印象を残す出来事だったのでしょう。

芸術の完成は老いた先にある

世阿弥の人生論は、このように極めて具体的に、年齢ごとにやるべきこととやってはいけないことを書き表したものでした。世阿弥は、複式夢幻能などを編み出して能をシステム化すると同時に、人生のシステム化も考えていたと言えます。その意味で、世阿弥は非常に近代的です。計画もなく為すがままでいいとはまったく思っておらず、その時々でどのようなことをし、どのような結果を出すべきかを考え、そのためのプログラムを子孫のために書き遺したのです。

世阿弥の人生プログラムの中でとくに注目されるのは、やはり「老い」をめぐる考察です。

世阿弥は次のような言葉を残しています。

命《いのち》には終りあり、能には果《は》てあるべからず。

（『花鏡』奥段）

世阿弥は日本の芸能史において初めて、身体芸としての芸術を、一生をかけて完成する芸術としてとらえました。まさにこの言葉通り、命には終わりがあるが、能には終わりがないのです。気力も体力も充実した青年期や壮年期に芸が完成するわけではない。老いてこそ、芸術は完成に近づくというのです。

老いるとは、今までできていたことが、だんだんとできなくなるプロセスに他なりません。老いて完成する芸とは、いったいどのようなものなのでしょうか。

さきほども言ったように「せぬならでは手立あるまじ」なのですから、バタバタと動き回っては醜いだけだと世阿弥は言います。むしろ動きを控えて、じっとしているところにこそよさが出てくるというのです。

また世阿弥は、「却来《きやくらい》」ということを語ります。却来とは、ある境地に達したあとまた元に戻るという意味ですが、世阿弥は、美しい歌舞中心の能を極めた役者も、年を取ったら能のルーツに近い鬼能をやるとよいと言います。世阿弥が所属する大和猿楽は、もともと鬼能を得意とする流派でしたが、その鬼能を若い時にはやらなくてもよいけれど、年を取ったらやれと言うのです。

その意味するところは、やはり無理に美しく舞おうとするのではなく、自らの原点とも言うべきシンプルな動きの中に、自分が蓄積してきたものを出しなさいということだと思われます。どんな名人の能楽師も年を取れば、足先が開いてしまう。それだけでも、美しい女の役をやるのは困難です。そうした自覚が現在の能楽師にあるかどうかはわかりませんが、名人であればそれは自覚しています。その自覚があれば、年を取ったら、シンプルに、そこにある力だけで舞うようなところに重きを置いて、鬼のよさを出す。しかもそれが「幽玄」である。それは、老いた者にのみできることなのです。

私は、実際にそういう能を舞う役者を何人も観ていますが、そのうちの一人が、喜多《きた》流《りゅう》の友枝喜久夫《ともえだきくお》さん[*2]でした。八十歳に近くなってほとんど目が見えなくなっても舞台に立っていた友枝さんは、動きが限られ、いろいろなことが自由にいかない中でも、輪郭線のはっきりした強い能を舞っていました。力強いというよりは、はっきりとした「芯がある」というのでしょうか。老人ではあっても、老人であることを超えた何かがありました。老人の能を見せるのではなく、老人を超えた能を見せる。年を取ってなお、それを乗り越えていく気迫というものがあったのです。

もう一人が、宝生流《ほうしょうりゅう》の近藤乾三《こんどうけんぞう》さん[*3]です。近藤さんは晩年の舞台で、「橋弁慶《はしべんけい》」という初心者が習うような謡を謡ったことがありました。その時、声はほとんど聞こえませんでした。喉《のど》から声が出る瞬間の「あ、あ、お、あ、う」といった音は聞こえるのですが、声にならない。ならないのだけれど、そこにやはり、八十歳近い能楽師の中に残っている気迫があったのです。それはまさに、老い木に残る花だったと私は思います。年を取った時、難しい大曲をやろうと思わないで、初心者がやるような謡を選ぶ。なおかつそこに、とても初心者には出すことのできない、ましてや声が出る役者にも出すことができない気迫や質感があった。それでもう十分でした。

規範から自由になる

老いてこその芸として、世阿弥はさらに、「若いころにやってはいけないとされたことをやってもいい」とも言っています。『花鏡』と同時期に書かれた伝書『至花道《しかどう》』*4に詳しく述べられていますので、引用してみます。

年来の稽古の程《ほど》は嫌ひ除《の》けつる非風《ひふう》の手《て》を、是風《ぜふう》に少し交《まじ》ふる事あり。上手なればとて、何《なに》のため非風をなすぞなれば、これは上手の故実《こじつ》なり。善き風《ふう》のみならでは上手にはなし。さる程に、善き所めづらしからで、見所《けんしょ》の見風《けんぷう》も少し目慣《な》るゝやうなる処《ところ》に、非風をまれに交ふれば、上手のためは、これ又めづらしき手

也。さるほどに、非風却《かへつ》て是風になる遠見《えんけん》あり。　（『至花道』）

やってはいけないとされてきたことを、やっていいとされてきたことに少し交ぜる。なぜそんなことをするかと言えば、それは名人だからこそだ。正統なことは観客も見慣れたものになってしまっているので、たまに違うことをするとそれは名人にとって珍しいこととなり、観客にとってもおもしろいものとなる。だから、やってはいけないことが、反対にやっていいことになるのだ。

これも、年を取った役者にのみ許された、いわば自由の境地といえるでしょう。

世阿弥の人生論は、若年の若さの力から、中年の意志によって選択する世界に入り、老年の自由の境地へと進みます。ともすると、年を取ることは自由を失うことであると考えられがちです。今までできたことができなくなる、記憶力も衰える、病気にかかる恐れも高まります。しかし、世阿弥が言うように、是風に非風を加えて何かをする自由は得ているのかもしれません。つまり、「こうしなければならない」という規範からの自由です。その自由を得ることが、老いてなお新しいものをつくり出すエネルギーにつながるのでしょう。

世阿弥が『風姿花伝』に記した七段階の人生論は、衰えの七つの段階を語っているとも言えます。少年の愛らしさが消え、青年の若さが消え、壮年の体力が消える。何かを喪失しながら、人間は人生の段階をたどっていきます。しかし同時に、この喪失のプロセスは、喪失と引き換えに何か新しいものを獲得するための試練の時、つまり「初心の時」でもあるのです。老いたのちに初心がある。そしてそれは、乗り越えるためのものだ。そう考えると、これからの人生に何だか希望が湧いてくるのではないでしょうか。

超高齢化社会における「初心」とは

これから超高齢化社会になっていく日本において、「老いてのちの初心」という世阿弥の言葉は非常に重要な意味を持ってくるでしょう。寿命が延び、体力的にも元気なお年寄りが増えている。そういった人たちが、どう老いてのちの花を咲かせるのか。そこに、世阿弥の言葉が突きつけていることがあります。若いころの気持ちに戻ったり、若いころと同じことをしようとしたりするのではない。そうではなく、あくまでも今の自分の限界の中で何をしていったらもっともよいのかを考えることが必要だ、と。

私は、個人がそれぞれに自らの初心を考えるのと同時に、社会の側でも、年を取った方たちが老いてのちの花を咲かせられるようなシステムを積極的に準備すべきだと考えています。というのも、昔はおじいさん、おばあさんが子や孫と一緒に暮らし、家庭の中に確かな役割がありました。ところが今は核家族化が進み、家庭からおじいさん、おばあさんがいなくなってしまいました。ならば、社会が率先して、おじいさん、おばあさんの役割を社会の中につくるべきだと思うのです。

例えば教育の現場なら、引退したベテランの先生にカムバックしてもらい、若い教師を助ける役割を果たしてもらう。最近の小学校や中学校では、現場の教員が若い人中心になり、何かと余裕がなかったり、どう教えていいかわからないといったこともあるでしょう。そこを、第一線を退いた教師たちが経験を伝えながらサポートするのです。また企業でも、退職した人たちが再び会社に戻り、社員教育を担当する。そこで経験を伝えながら、自分をも再生することができるでしょう。

おもしろいことに、日本の芸能では、しばしばおじいさんが孫に芸を教えています。お父さんは忙しく働いているため教える時間がないのですが、おじいさんは時間がある。これが実はいいのです。父親は子供に教えるのは初めてですから、できない息子に「どうしてできないのか」と厳しく言ってしまう。すると息子も反発します。一方おじいさんは、自分の息子（孫の父親）も最初はできなかったことを知っている。だから、「お前のお父さんもできなかったけれど」とワンクッション入るわけです。そうやって教えるので、孫も教えを受け入れやすい。こうして芸の伝承はなされてきたのです。

一般の家庭でも、家におじいさん、おばあさんがいて、それが親子の間のクッションとなって、いろいろなことが伝えられてきました。けれどそれがなくなってしまった。私は今こそ、そういう世代を超えた教育効果というものを、もう一度見直すべきだと思うのです。高齢者の経験の流通の場所を、社会がきちんとつくってあげる。そういうことを考える一つのきっかけとしても、世阿弥の「老いてのちの初心」という言葉は、大きなヒントになるのではないでしょうか。

＊1　『花鏡』
世阿弥が四十歳過ぎから約二十年かけて書き継いだ能芸術論の集大成。長男・元雅に相伝された。

＊2　友枝喜久夫
一九〇八～九六。能楽師。シテ方喜多流。八七年に喜多流では百二十年ぶりとなる秘曲「檜垣」を演じた。晩年に白内障で視力をほとんど失いながらも舞台に立ち、昭和期の能シテ方の最長老として活躍した。

＊3　近藤乾三
一八九〇～一九八八。能楽師。シテ方宝生流。重厚な芸風で知られ、晩年は謡に独自の境地をひらいた。一九六六年、人間国宝となる。著書に『能――わが生涯』などがある。

＊4　『至花道』
世阿弥が五十八歳の時に著した能楽論書。二曲三体・無主風・闌位・皮肉骨・体用の五か条を通して花に至るための稽古習道について具体的に記した。

第3章——離見の見

「幽玄」とは何か

世阿弥は、父から受け継いだ能を伝書にして子孫に伝え遺すにあたり、多くの新しい言葉を他の領域から導入し、他から借りる言葉がなければ、自分で言葉を造りました。人気という不安定なもののうちに身を置き、人生をかけてその芸を完成させることを考え、新しい身体のあり方を表現しようとした時、既存の言葉では満足できなかったのでしょう。世阿弥により生み出された言葉は、どれもシンプルで実に具体的。現在の私たちでも注釈なしでほとんど意味がわかるものばかりです。世阿弥は、現代にも通じる優れたコピーライティングのセンスを持ち合わせていたとも言えるでしょう。

本章では、世阿弥による巧みな言葉の選択や造語を紹介しながら、世阿弥が表現しようとした理想の能、理想の演技について見ていきます。

まず取り上げるのは、「幽玄」という言葉です。幽玄は世阿弥以前にも和歌や芸能を表現するものとして使われ、琴の音が幽玄であるとか言われていましたが、『風姿花伝』をはじめとする世阿弥の伝書全般の中で、とくに強調されて出てくる言葉で、キャッチコピーのようにして世阿弥は、これこそ理想の能、能楽師が目指すべき姿であると定義しています。今でも、「幽玄」は能のキャッチコピーになっているはずです。

当芸において、幽玄の風体、第一とせり。

（『花鏡』幽玄之入《ゆうげんのさかいにいること》レ境事）

幽玄という言葉自体はみなさんおそらくご存じだと思いますが、では幽玄とはいったいどういうものかと聞かれると、答えに困るかもしれません。何を指しているのかどうも曖昧《あいまい》に感じるのが幽玄ですが、世阿弥が語る幽玄は、翻《ひるがえ》って非常に具体的です。第2章でも紹介したように、世阿弥は、十二、三歳ころの稚児の姿がまずもって幽玄であると言います。

まづ、童形《とうぎやう》なれば、なにとしたるも幽玄なり。

（『風姿花伝』第一 年来稽古条々）

能楽師としての第一歩は、まずはこの稚児時代にあります。世阿弥自身も十二歳で足利義満に見初められ、二条良基に絶賛されるほどの美少年だったわけですから、この言葉は彼自身の経験に裏打ちされているとも言えるでしょう。

能の作品には、実際、稚児が登場するものが多くあります。例えば、歌舞伎の「勧進《かんじん》帳《ちょう》」の元になった「安宅《あたか》」*1という能では、子方と呼ばれる子役が稚児姿で源 義経《みなもとのよしつね》を演じます。少年時代の牛若丸《うしわかまる》を稚児が演じるなら問題ないのですが、能では、成人の義経も稚児が演じるのです。

物語の中で、義経は平家を破って鎌倉に凱旋《がいせん》するのですが、仲違《なかたが》いをしていた兄・頼《より》朝《とも》に追い返されてしまいます。義経の追討令が出され、義経は武蔵坊弁慶《むさしぼうべんけい》とともに奥州平泉に逃げます。その途中、安宅の関という関所を通ろうとしたところ、富樫《とがし》という関守が通さないと言う。そこで、弁慶は「われわれは焼けてしまった奈良の大仏殿を再建するためのお金集めをしている山伏の一行だ」と言い、歌舞伎で有名な勧進帳の読み上げをします。それなら通ってもよいと言われ、一行が通ろうとする。すると富樫の家来が「ここに義経がいる」と言い、富樫は義経を呼び止めます。そこからもう一度、関守と弁慶一行が対立する場面になります。

歌舞伎では、義経の役はたいてい女形が演じます。能の場合、義経は子方が演じています。関所を通ろうとする場面で、「橋掛《はしがか》り」と呼ばれる花道のようなところに弁慶一行が下がると、ポッと空いた舞台空間に、稚児姿の義経が笠を着けて歩いてくるのです。その姿はいわゆる神社のお祭りの時の稚児と同じで、非常に華麗な装束を着けています。つまり、敵を忍んで逃げている姿ではまったくないわけです。

私はこの「安宅」という能を観た時、能が成立した室町時代における稚児の存在を考え合わせて、なるほどと合点がいきました。当時、稚児はいわゆる男色の対象でもありました。この能では、歴史上の事実としては成人していた義経の年齢や服装といった物語のリアリティよりも、小さくて弱々しい存在である稚児を守るというところに焦点が当たっています。考えてみると、弁慶が京都五条での戦いに敗れたのちに忠誠を誓うのは、少年時代の牛若丸です。つまり、少年（稚児）に対する崇拝の念があるというところに、男と男の愛が成立する。大人であるはずの義経をも稚児が演じるこの「安宅」という能は、まさにそのことを示しています。

かつての能や歌舞伎における「男色」の問題に触れることを、私たちはなんとなく避けています。社会的にも、そうした傾向は強くて、例えば「同性婚」の問題が議論もされない。主要な国において、この問題が議論されないのは、日本と中国ぐらいです。多くの国は同性婚を認めるか、もしくは「パートナーシップ法」という事実上同性婚を認める法律をつくって、この問題を解決しようとしています。

日本の歴史と文化を考えた場合に、この「男色」の問題を避けて通ることはできません。とりわけて、貴族政治から武家政治にかけての過渡期であった「院政期」や武家の文化において「男色」は大きな比重を占めています。NHK大河ドラマの『清盛』ではこのことが珍しくきちんと描かれていました。時代小説では、池波正《いけなみしょう》太郎《たろう》*2さんの小説

能の舞台

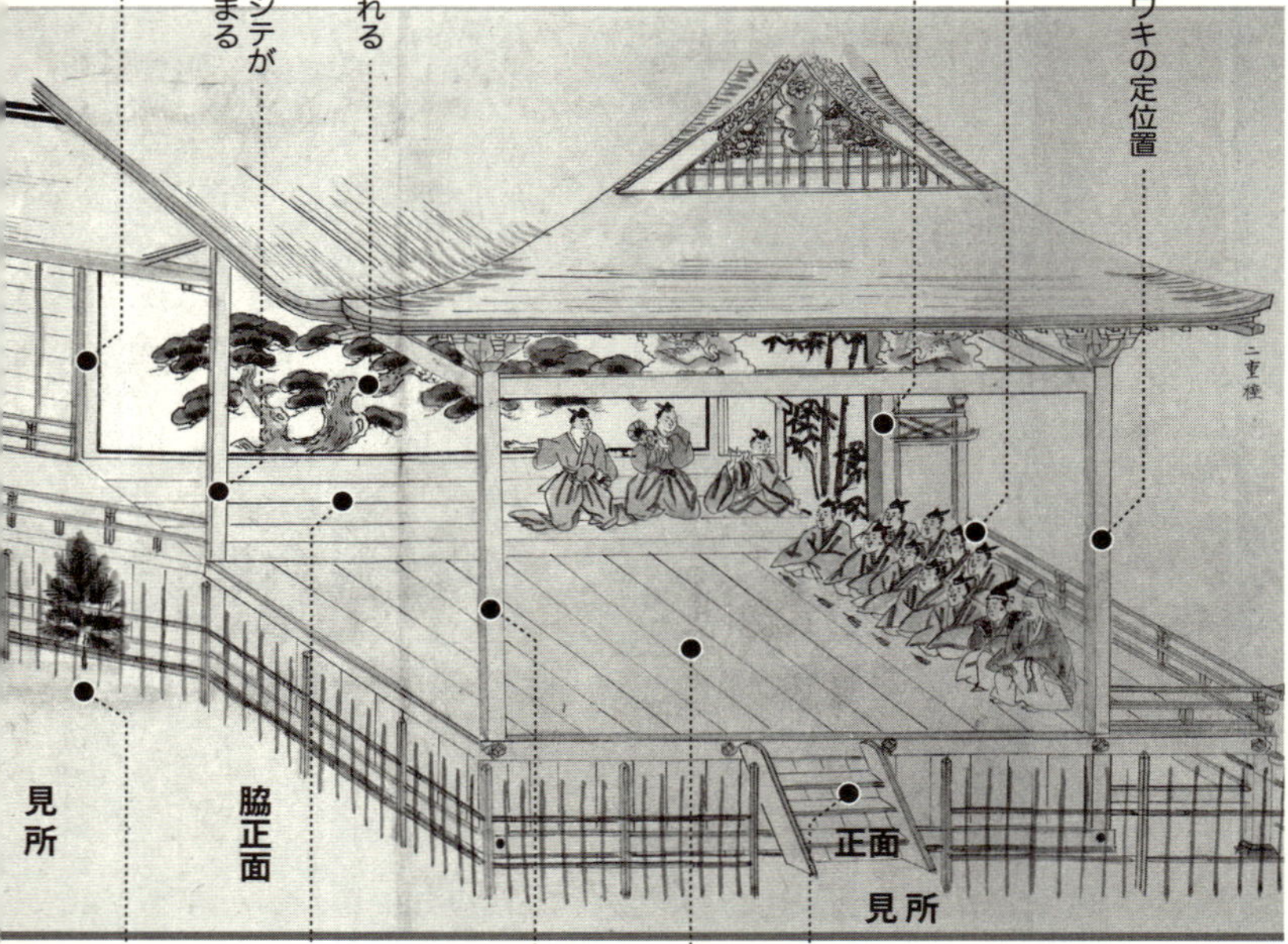

ワキ柱
この付近がワキの定位置

地謡座《じうたいざ》

笛柱

鏡板《かがみいた》
老松が描かれる

シテ柱
この付近でシテがまず立ち止まる

狂言柱

階《きざはし》

本舞台《ほんぶたい》

目付柱《めつけばしら》
面で視野の狭いシテが位置を確認するための柱

後座《あとざ》（横板）

一ノ松

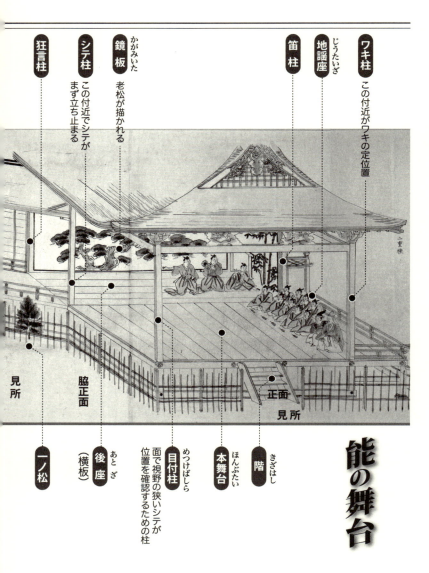

『弘化勧進能絵巻』
「舞台・階掛之図」
(野上記念法政大学能楽研究所蔵)

一八四八年、江戸神田筋違大橋(現在の万世橋付近)で十五日間におよぶ江戸時代最後の勧進能の大興行が行われた。図は「鉢木《はちのき》」の後場。橋掛りに後シテが見える。

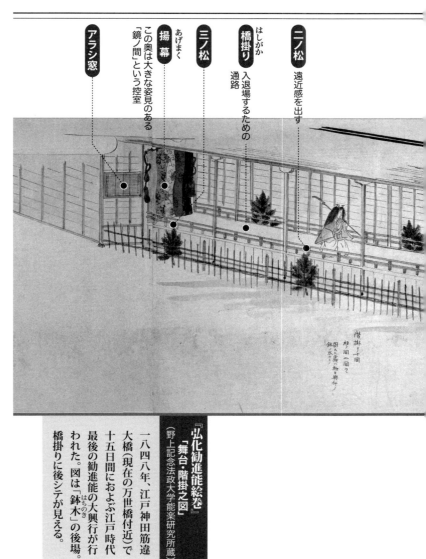

が、「男色」を頻繁に題材にしています。池波文学のおもしろさの一つはここにあると思うのですが、このことを取り上げて、池波正太郎の文学を論じたものはあまりないようです。

能が世界の演劇の中でも、例外的に子供を中心にしていることの秘密は、この「稚児」の存在があるからです。*3 そのことを見失うと、能の中に流れている底流の感情を理解できなくなります。

物語上は整合性が取れないけれど、あくまでも義経を稚児に設定することによって、能ならではの世界が出来上がる。美しく着飾った稚児姿こそ幽玄であると言った世阿弥の思想は、このように作品を通してもずっと引き継がれているのです。

あらゆるものを幽玄に演じよ

幽玄の例としてもう一つ世阿弥が挙げているのは、高貴な身分にある貴族の姿です。

公家《くげ》の御《おん》たたずまひの位高く、人望余《じんぼうよ》に変《かわ》れる御有様《おんありさま》、これ、幽玄なる位と申すべきやらん。しからば、ただ美《うつく》しく、柔和《にゅうわ》なる体《てい》、幽玄の本体《ほんたい》なり。

（『花鏡』幽玄之入レ境事）

公家のたたずまいがいかにも高貴で、尊敬を集めているさまは、これは幽玄と言うべきであろう。とにかく美しくてしとやかな姿が幽玄というものである、と言っています。

世阿弥は続けて、優美な言葉づかい、謡、舞も幽玄であるとし、鬼など動きの激しい役を演じる時にも、趣の美しさを忘れずに演じれば「鬼の幽玄」になると言います。世阿弥はさらに、幽玄の例として白々とした夜明けの梅の花[*4]や、桜の花[*5]を挙げています。

このように、世阿弥は何が幽玄と呼べるものであるかを具体的に考えていました。では、その幽玄を能の舞台でどう表現するか。ここに、能の独特の世界観が立ち現れてきます。

世阿弥は、あらゆるものを幽玄に演じよと言います。

何の物まねに品《しな》を変へてなるとも、幽玄をば離るべからず。たとへば、上臈《じょうろう》・下臈《げろう》・男《なん》・女《にょ》・僧《そう》・俗《ぞく》・田夫《でんぷ》・野人《やじん》・乞食《こつじき》・非人《ひにん》に至るまで、花の枝を一房《ひとふさ》づつかざしたらんを、おしなべて見んがごとし。

（『花鏡』幽玄之入レ境事）

どんな身分の者でも、それぞれが花を一枝身につけているように演じなければならない。そう世阿弥は言うわけです。これは見た目についても同じです。能では、たとえ謡には身なりが華やかでない人物と書いてあっても、演じる役者が舞台上で着る衣装は非常に華やかなものです。つまり、役柄の属性と見た目の矛盾を犯してでも、目に見えているものは華やかで美しくなければいけない。これが能の世界なのです。理想の能を語る時、幽玄であるという一点は、世阿弥は絶対に譲らなかった。これが、写実（物まね）に始まりながらもリアリズムとは大きく異なる、能の世界のあり方と言えるでしょう。

そのことを実際に舞台で最近知りました。現在の能の名人、友枝昭世*6が『烏頭《うとう》』という能を舞った時です。前半は漁師の姿で出てくるので、華やかなところは何もないのですが、橋掛りに立った姿には美しい品格があって、これこそ「幽玄」であると思いました。そこに花を飾っていなくても、確かに花がありました。長年、能を見てきて、初めて、こうした幽玄を知った思いでした。

調子を整え、機をうかがい、声を出す

続いて紹介したいのは「序破急《じょはきゅう》」という言葉です。「序破急」は、もともと雅楽にあった音楽や舞などの形式上の三区分を表す言葉です。世阿弥がオリジナルでつくったものではありません。しかし、世阿弥がこの言葉を単なる音楽上の意味ではなく、意味をひろげて大事な言葉として使ったことで、世阿弥の言葉として理解されているかもしれません。

「序」は「はじめに」という意味です。能の「序の舞」は、冒頭部分に笛と足踏み（「序」）を含んだ舞を指します。その後、音楽が少し高まる「破」があり、さらに盛り上がっていく「急」がある。舞の中に、序破急という三段階の流れがあるのです。世阿弥は、すべてのことには序破急があり、能でも舞に限らず、物語のプロットや、一日の公演プログラムも序破急に則《のっと》って構成するとよいと言っています。

一切の事《じ》に序破急あれば、中楽《さるがく》もこれ同じ。

（『風姿花伝』第三　問答条々）

序破急と同じく、全体の流れを三分割して考えることを説いた言葉に「一調《いっちょう》二機《にき》三声《さんせい》」があります。これは世阿弥がつくり出した言葉です。まさに読んで字のごとしなのですが、まずは世阿弥の解説を引いてみましょう。

調子《ちょうし》をば機《き》が持つなり。吹物《ふきもの》の調子を音取《ねと》りて、機《き》に合《あ》はせすまして、目を塞《ふさ》ぎて息を内へ引《ひ》きて、さて声を出だせば、声先《こわさき》調子の中《なか》より出づるなり。（中略）**調子をば機にこめて、声を出《い》だすがゆゑに、一調《いっちょう》・二機《にき》・三声《さんせい》とは定《さだ》むるなり。**

（『花鏡』一調・二機・三声）

能役者が舞台で声を発する際、笛によって調子を整え（一調）、機会をうかがい（二機）、目を閉じて息を溜めて、それから声を出すとよい（三声）、ということを言っています。これも序破急と同じように、声の出し方だけにとどまらず、舞の舞い方や、一歩一歩の足の運び方にも一調二機三声がある、そういう身体のあり方を示しています。能の大きな特徴であるゆっくりとした動作は、これが理由です。すべての動作に一調二機三声があるのです。

ただ声を出すのではなく、溜めをつくってから出す。ただ足を前に運ぶのではなく、溜めをつくってから運ぶ。そして、「機会」をとらえて声を出す。この機会とは、自分だけの機ではなく、観客の機でもあります。それをとらえて声を出すのです。

一調二機三声で思い出すのは、「はじめに」でも紹介した能楽師、観世寿夫[*7]さんの地《じ》謡《うたい》です。まさに一調二機三声で、声を出す前に「う、う、う」という溜めがある。声を準備する「調」の段階です。それから「機」を見て、「声」が出てくる。声が出るというよりは、声を叩くという感覚に近いでしょうか。溜めを解いて一気に声を噴出させようとする意志が現れるという感じです。それは謡い始めだけでなく、途中の一語一語の発音でも同じで、常に内側に溜めをつくりながら声を出していた。まさに一調二機三声でした。

私は短期間だけプロの人から仕舞《しまい》を習ったことがあるのですが、その人がおもしろい言い方で指導をしてくれました。舞で手を前に出す時に、手の向こうに見えない鉄棒があると思って手を出しなさいと言うのです。実際にはないのだけれど、鉄棒に手がぶつかって止まる。その衝撃によるブレーキがぐっとかかる。そのようなつもりで手を前に出しなさいと。これは的確だと思いました。私はなかなかできませんでしたが、確かにそうだと思いました。歩く時でも、常に自分にブレーキをかけるものを押しながら歩くようにする。常に自分を押しとどめるものがある中で、舞を舞う。そうすることで体の中に力が湧いてきて、その力が観客にも見える。そこに、能というものの力学があるのです。一調二機三声という言葉は、その力学を役者がとらえる時の身体感覚を、実に見事に示しています。

「はじめに」で私は、世阿弥の能楽論の特徴はすべてにおいて「関係的」であることだと述べました。序破急と一調二機三声には、まさにそれが表れていると言えます。自分が、常に自分の外との関係の中にある。能舞台に出ていく時、ただ出ていくのではなく、万人の機を見て出ていく。あるいは、一歩を踏み出すにしても、ただ単に踏み出すのではなく、そこに何か自分を押しとどめるものがあって、それを押し戻しながら踏み出す。つまり、自分に対しても関係的であるということです。そういった身体のあり方というものを、世阿弥は常に考えていました。それが能の体であり、能の舞というものなのです。

場は生き物

もう一つ、序破急につながる言葉に「かるがると機を持ちて」があります。これは私の大好きな言葉です。「かるがると機を持ちて」がどういうことを意味するかを知るには、世阿弥の時代、能楽師がどういう場所で能を舞っていたかを知る必要があります。現在では、能は能楽堂など常設の舞台で演じられるのが一般的ですが、当時は、神社やお寺の境内で演じたり、貴族たちの酒宴に招かれて座敷で演じたりすることもありました。世阿弥は、そのような場合は、能の基本としての序破急にこだわらず、その場の機にさらりと溶け込んで舞うのがよいと言っています。

また、自然《しぜん》、期《き》せざる御会《ごかい》の申楽《さるがく》ありて、大御酒《おおごしゅ》の時分などに、にはかに召されて能を仕《つかまつ》ることあるべし。それはまた、御座敷《おんざしき》ははや急《きゅう》なり。仕《つかまつ》るべき能は序なり。これまた大事《だいじ》なり。かやうならん時の申楽《さるがく》をば、序を仕《つかまつ》らん内にて少《すこ》し心を破《は》に持ちて、さのみに粘《ねや》さで、かるがると機《き》を持ちて、破《は》・急《きゅう》へ早く移るやうに能をすべし。これは能の故実なり。しかれば、能よきこともあるべし。

(『花鏡』序・破・急之事)

宴会に呼ばれて「能をやってくれ」と言われた場合、そこにいる人々はすでにお酒が入っていますから、もう序の段階ではない。破の段階か、あるいは急の段階に来てさらに盛り上がっているところかもしれません。ところが、能楽師はまだ着いたばかりなので、気持ちとしては序の段階です。そうした時は、自分の気分を軽々と引き立てて、その場の雰囲気に合わせて自分のリズムをつくりなさい。そうすれば能はうまくいくだろう、と世阿弥は言うわけです。

要するに世阿弥は、自分のリズムや感覚だけで何かをするのは愚かだと言っているのです。周りの事情がどうあれ、「私は私のやり方でやる」と言い張っては事はうまくいかない。例えば、すでにみんなが盛り上がっているところで静かで厳《おごそ》かな能をやってしまっては、場が白けてしまうではないかというのです。

これもまさに関係的な考えです。さきほど紹介した一調二機三声と同じように、その場に出ていった時に、そこに満ちている機やリズムというものを受けて舞う。序のところでもあえて破に持っていく。それが、「かるがると機を持ちて」ということなのです。

この「かるがると機を持ちて」は、現代にも大いに応用できます。例えば結婚式でのスピーチです。そのスピーチが、式のはじめの方での挨拶なのか、それともみんなにお酒が入ったところでの挨拶なのか。

式のはじめの主賓《しゆひん》の挨拶は、型通り、とにかくおめでたいという気持ちで述べればよいでしょう。世阿弥も、能の演目構成の序破急について語っているところで、「第一、祝言なるべし」（最初の能はめでたさが大事だ）と言っています（『風姿花伝』第三　問答条々）。ところが、宴会も進み、みなにお酒が入った段階で挨拶をする場合は、注意が必要です。というのも、挨拶をする側は初めての出番なので、自分の気分としては固くなっている。ところが座はすっかり崩れているからです。

私はこれまで結婚式に何度も出席しましたが、そのような場で挨拶が一番上手だったのは、二〇一三年に亡くなった人間国宝の茂山千作《しげやませんさく》さん*8でした。何か特別なことを言うわけではないのです。ただ、マイクの前に出ていって、笑って、「よかったね、〇〇ちゃん」と。そういう話で終わってしまうのです。でも、すでに場が和んだ中での挨拶ですから、それでいいわけです。何かうれしそうで、軽々とした機が見える。それで十分なのです。

場というものは生き物です。いろいろな人がいて、いろいろなリズムがある。その波動の中に自分が入り、それと一体になることによって初めて、その世界を自分のものにできる。逆に、その波動をものにできなければ、世界は自分のものにはならないのです。しかしこうも言えます。その場のリズムというものは多くの人によって共有されているので、最終的に自分一人のものになるということはない。そこに立った時、常にその違和感を自分の中で調整していかなければならないのです。「機」をとらえることの大切さをさまざまな新語をつくり出してまで強調した世阿弥は、そのことをよくわかっていたのでしょう。

時に当たればうまくいく

「機」に関する言葉をもう一つ紹介しましょう。「時節感当《じせつかんとう》」です。これも実にうまい表現です。

「時節感当」とは、役者が舞台に出ていく時の、そのタイミングについて世阿弥が語った言葉です。

まづ楽屋《がくや》より出《い》でて、橋懸《はしがか》りに歩《あゆ》み止《と》まりて、諸方《しょほう》をうかがひて、「すは声を出《い》だすよ」と、諸人《しょにん》一同に待《ま》ち受《う》くるすなはちに声を出だすべし。これ、諸人《しょにん》の心を受けて声を出だす、時節感当《じせつかんとう》なり。

（『花鏡』時節当レ感事《じせつかんにあたること》）

能舞台には幕があり、シテ方が舞台に出る時には、幕の奥から「おまーく」と声がかかります。すると幕がサッと上がる。世阿弥は、そこで舞台に出る瞬間が大事なのだと言っています。観客席にいる人たちが、「今出るか、今出るか」と待ち構えている、その瞬間に出なさいと。幕の後ろで自分の機も整えますが、それだけでなく、観客の機を図って出ろというのです。

早すぎても遅すぎてもだめです。もったいぶって溜めをつくりすぎてしまうと、期待を膨らませていた観客の気が抜けて、ため息になってしまいます。そんなところで出ていっても、観客は何も感じません。「出るかな」と期待して待っている、その瞬間に出ることが大事なのです。

世阿弥はまた、最初の登場の仕方がその日の能の成否をも分けると言っています。

見物衆《けんぶつしゅ》、申楽を待ちかねて、数万人の心一同に、遅しと楽屋を見るところに、時を得て出でて、一声《いっせい》をも上《あ》ぐれば、やがて座敷も時の調子に移りて、万人の心、為手《して》の振舞に和合して、しみじみとなれば、なにとするも、その日の申楽は、はや良し。

（『風姿花伝』第三　問答条々）

観客が能を待ちかねて、今か今かと楽屋を見るちょうどその時、ここぞという瞬間をとらえて声を発すれば、観客全員の心はシテと一体になる。そうなれば、その日の能は何をやっても成功する。「時節」とはその瞬間のことであり、その時節に当たることが能においては大事だというのです。

これは言葉としてまさに的確だと言えるでしょう。今の言葉で言うとグッドタイミングということになるのかもしれませんが、それよりも、「時に当たる」と言う方が、語感もよいですし、タイミングというものの本質を言い当てているような気がします。

これ、万人《ばんにん》の見心《けんしん》を、為手《して》ひとりの感情《かんぜい》へ引き入るる際《きわ》なり。当日一日の大事の際《きわ》なり。

（『花鏡』時節当レ感事）

時節をとらえさえすれば、万人の目を役者一人の内へと引き入れることができる。この感覚をつかむことが役者にとって大事だと言うのです。この教えは、現在のさまざまな場面でも有効でしょう。例えば、仕事のプレゼンテーション。クライアントの呼吸や心の動きを感じ、ここだというタイミングを図って話を進めていく。それができずにただ自信満々に話しただけでは、何の説得力もないでしょう。

正しいだけではだめで、その正しさを人々の心に受け入れてもらう「時節」をつかまなければいけないのです。

このように、世阿弥はその場の「機」をとらえることの大切さを、実にさまざまな言葉を繰り出して説いています。なぜここまで機が強調されるのでしょうか。このことを考える時、思い起こさなければならないのは、能の役者が面を着けているという事実です。

能の役者は面を着けているため、前はよく見えていません。見えていないので、見えないところの機を全身で受けて出なければならない。この全身でその場の「機」と

「気」を受けて出ることで、能役者の身体の構えができるのです。

歌舞伎と比較してみましょう。歌舞伎の舞台でも花道の後ろに幕があり、そこがサッと開いて役者が出てきます。その幕には金具が付いていて、横に払うとシャンと音がします。それが役者登場の合図になるわけです。それをきっかけにして、「大和屋」といった掛け声もかかる。つまり歌舞伎では、登場のタイミングを外側からつくっているのです。これは実にうまくできています。

ところが、能では幕の音も掛け声もないわけですから、役者が自分でタイミングを図らなければなりません。しかも面を着けている。そういう状況にあるからこそ、機にひときわ敏感になる必要があるのです。そこに、全身で機をとらえる「一調二機三声」や「時節感当」という言葉の意味が出てくるのです。

能は、タイミングを自分でつくるしかない。そこが能のおもしろさであり、世阿弥の能楽論のおもしろさでもあります。「かるがると機を持ちて」にしても、自分でリズムをつくれということ。みんながすでに盛り上がっている、その盛り上がっているリズムを自分のものにしなさいということです。何度も言うように、世阿弥が言うことはすべてにおいて関係的です。自分のリズムを押し通すのではなく、その場のリズムに自分が入っていって、その中で自分でリズムをつくることが求められているのです。

目は前を見て、心は後ろに置く

「時節感当」のところで世阿弥は、「諸人の心を受けて声を出だす」と言っていました。諸人とは、能を見物に来ている観客たちのことです。この観客と役者、すなわち他者と自己の関係について、世阿弥が言った至言がもう一つあります。「離見《りけん》の見《けん》」です。

舞に、目前心後《もくぜんしんご》と云ふことあり。「目《め》を前に見て、心を後《うしろ》に置け」となり。（中略）**見所《けんしょ》より見る所の風姿《ふうし》は、わが離見《りけん》なり。しかれば、わが眼《まなこ》の見る所は我見《がけん》なり。離見《りけん》の見《けん》にはあらず。離見《りけん》の見《けん》にて見る所は、すなはち見所同心《けんしょどうしん》の見《けん》なり。その時は、わが姿を見得《けんとく》するなり。**

（『花鏡』舞声為根《ぶしょういこん》）

見所（観客席）から見る自分の姿を常に意識せよ。我見ではなく離見で見た時に初めて、本当の自分の姿を見極めることができる。

「離見の見」は一般的に、「客観的に自分を見ることが大事だ」という意味でとらえられているように思います。私は、世阿弥の言葉をよくよく読み込んでみると、ポイントはむしろ「目前心後」にあると考えます。

先に引用した部分に続いて、世阿弥はこう書いています。

眼《まなこ》、まなこを見ぬ所を覚《おぼ》えて、左右前後を分明《ふんみよう》に案見《あんけん》せよ。

眼は、自分の目を見ることはできないのだから、左右前後をよく見て、自分の姿をその左右前後から見る者たちのうちに置いて、よくよく見ていなければならない。

これは実際にやろうとすると難しいことです。どうすればよいのでしょうか。

世阿弥は、目は前を見ているが、心は後ろに置いておけと言いました。物理的に心を後ろに置くことはできないにしても、これがどういうことかは感覚的にわかるのではないでしょうか。これも、一調二機三声と同じく、自分に対する一つのブレーキです。自分を後ろから引っ張っているものがある。自分は前に出ていくのだけれど、客席との間にはある関係の力が働いていて、自分が後ろに引っ張られたり、離れたりする。そういうすべての関係の中で自分がそこに立っていると意識しなさいということです。そういう意味では、「自分のリズムだけでやるな」ということにもつながるかもしれません。見所同心、客席と一体になるように考えてやらなければいけない。自分だけで勝手に盛り上がってもだめだということです。

自分がいったいどういう位置にあるかを、心を後ろに置いて把握する。世阿弥にとってこのことは、ひとえに能の問題ではなく、人生の問題でもあったと思います。世阿弥は、自分たちがやっている大和猿楽以外の芸能を非常に冷静な目で見ていました。実際に世阿弥は、近江猿楽や田楽など、大和猿楽以外の芸能がやっていることを自分たちの芸に取り入れました。自分の周りで起こっているさまざまなことを、自分とは関係のないものとして考えるのではなく、それも引き込みながら自分の芸能をつくり上げていった。自分から突き放すというよりは、常に自分もそこに関わっていくという態度です。

たいていの場合、ある人の人気が出れば、自分は違うことをやろうと思うでしょう。ところが世阿弥は違いました。なぜそれが人気があるのかを見極めた上で、それも自らの中に取り入れた。普通なら、相手を妬《ねた》んだり、あえて無視しようとするのではないかと思うところですが、考えてみるとこのクールな世阿弥の視点、すなわち「我見」ではなく「離見」こそ、本来私たちが人間や社会に対して持つべきものなのではないか。そう思えてもくるのです。

わかりやすさの理由

ここまで、世阿弥の巧みな言葉を取り上げながら、世阿弥が語る能楽論を見てきました。ここで、二つの問いが浮かび上がってきます。世阿弥は常に関係的なのですが、なぜこれほどまでに関係性というものを重視したのでしょうか。また、なぜこれほどまでにわかりやすい言葉で、現代にも通じる教えを書き得たのでしょうか。ここで、その手がかりを考えてみたいと思います。

一つ目の疑問への答えは、やはり、世阿弥がマーケットの中に立つ能楽師であったということが鍵になるでしょう。先にも触れたように、今熊野神社の勧進能を将軍足利義満が観に来た。そこで、人気絶頂だった世阿弥の父・観阿弥が、これまでのしきたりを破って「翁」を舞った。そこから能は、安定した年功序列から、不安定な人気、マーケット重視のものに変わっていきました。また能の興行主も、寺や神社から時の貴族へと変わっていきました。能楽師も、神社の雇われという制度の中に自分の身分があるのではなく、将軍や貴族たちにかわいがられることが生き延びる道になりました。まさに、人気に左右される存在になったのです。

生き残るためには、貴族たちの人気を得ることが必須でした。そういう意味で、「離見の見」に代表されるような観客との関係性を考えることが、ことのほか重要だったのです。

そして私は、だから世阿弥は『風姿花伝』を書いたと思うのです。安定した年功序列の世界は崩れた。では、どうやって独力で人気を獲得していくのか。そうなった時に、やはりマニュアルが必要だと考えたのでしょう。世阿弥は、能楽師として生きるためのマニュアルとして『風姿花伝』を書いたのです。

　では二つ目の問いとして、なぜそれがこうも現代の私たちに響くのか。この疑問への答えの一つとして、世阿弥に先立つ鎌倉時代に起きた日本語の革命を挙げることができるでしょう。

　これまで見てきたように、世阿弥が書く文章は、たとえ現代語訳がなくても、ほとんど意味が取れるものばかりです。約六百年前の人間が書いた文章が、ほとんどそのまま理解できる。これは驚くべきことです。

　同じ古典と呼ばれる文章でも、『源氏物語』は原文だけではほとんど意味がわからないでしょう。でも、時代が下って『平家物語』や『太平記《たいへいき》』*9になると、だいぶわかるようになります。その理由は、これらが書かれた鎌倉・室町期に、ある種の言語革命が起きたからです。鎌倉時代には親鸞《しんらん》*10や日蓮《にちれん》*11といった新しい宗教家が出現し、武士が世の中を治めるようになりました。そうすると、今まで貴族の間で教養とされてきたものとは違う、より多くの人にとってわかりやすい物語や、宗教の言葉が現れました。世阿弥が生まれたのは、鎌倉幕府滅亡の三十年後の一三六三年とされます。世阿弥の伝書も、鎌倉時代に起きたこの日本語の変化の流れの中にあると言えるでしょう。

私もおもしろい経験をしたことがあります。私の家は真言宗豊山《ぶざん》派の寺の檀家《だんか》なのですが、家内の家は、浄土真宗でした。初めて法事で浄土真宗のお寺に行って、住職のお経を聞いたのですが、その言葉が実によくわかって、納得がいったことに感動しました。真言宗のお経はまずほとんどわかりません。途中で呪文を言うのが可笑しくて、若いころは笑いそうになるのを我慢するので大変でした。ところが、浄土真宗の言葉はよくわかる。それは、やはり鎌倉仏教が新しい庶民の信者をつくり出したことと無縁ではないでしょう。そこでの言語革命はとても重要です。世阿弥の言葉のわかりやすさも、そうした言語革命を経た時代のものです。

世阿弥は貴族の教養を教えこまれましたが、世阿弥の周りにいた人たちは同じ教養を持っているわけではありませんでした。自分が上流階級に交じって培《つちか》った教養を、のちの世代に伝えていくためにはどうすればよいか。世阿弥は当然その方法を考えるわけです。その試行錯誤の中で、いろいろな具体例を引いたり、自ら新しい言葉をつくり出したりした。そのいくつかは私たちが今、知らずに使っていたりもします。そこに、世阿弥の言葉の真の創造性があると言えます。

そして、そのような言葉で語られる、人と人、人と場の関係性についての考察や戦略は、現代の私たちにとっても驚くほど示唆に富んでいる。やはり、人間の関係性というものはいつの時代にも変わらないものであり、だからこそ、世阿弥の言葉は時代を超えて届くのかもしれません。

＊1　「安宅」
作者不明。義経を捕えようとする関守富樫と、義経を逃そうとする弁慶の攻防を描く。シテは義経ではなく弁慶。面をつけずに（「直面」という）、次々と襲う苦難を乗り越える弁慶の力強い姿がスリルを高める。

＊2　池波正太郎
一九二三〜九〇。小説家、劇作家。新国劇で脚本を書いたのち小説家になる。「錯乱」で直木賞受賞。時代小説の人気シリーズ「鬼平犯科帳」「剣客商売」「仕掛人藤枝梅安」のほか、食に関する随筆や映画評論でも知られる。

＊3　「稚児」の存在
能楽研究者であり東京大学教授の松岡心平氏に、この問題を縦横に論じた『宴の身体――バサラから世阿弥へ』（岩波現代文庫）がある。

＊4　梅の花
世阿弥が演技の秘訣を図解した『二曲三体人形図』では、各図に幽玄美の度合いを示す梅の花が描き添えられている。ただし近江猿楽の芸を取り入れた「天女舞」だけは桜の花。

＊5　桜の花
世阿弥は謡の曲趣を解説した『五音曲条々』で幽曲（幽玄な音曲）を桜に例えている。また世阿弥作の幽曲「西行桜」には桜の精が現れる。

＊6　友枝昭世
一九四〇年生まれ。シテ方喜多流。友枝喜久夫（66頁参照）の長男。二〇〇八年、人間国宝となる。毎秋、広島県厳島神社能舞台で月夜の満潮時に合わせて「融」を上演する観月能を主宰。

＊7　観世寿夫
一九二五〜七八。能楽師。シテ方観世流。戦後の能楽界の旗手的存在として活躍。弟の榮夫・静夫らと「華の会」を結成。世阿弥の伝書の研究

を行う一方、現代演劇・現代音楽にも参加し、正統な能の継承と同時に現代に生きる新しい能の在り方を求めた。

＊8　茂山千作
一九一九～二〇一三。能楽師。狂言方大蔵流。天衣無縫な芸風で知られ、新作狂言などにも取り組んだ。一九八九年、人間国宝となる。

＊9　『太平記』
南北朝の五十数年にわたる動乱を描く軍記物語。南北朝時代に書き継がれ、一三七〇年代に成立したとされる。

＊10　親鸞
一一七三～一二六二。鎌倉前・中期の僧。浄土真宗の宗祖。比叡山で修学後、六角堂に参籠し専修念仏に帰入する。一二一四年、妻恵信尼と共に関東に移住、東国の教化活動に努めた。悪人正機説で知られる。

＊11　日蓮
一二二二～八二。鎌倉中期の僧。日蓮宗の宗祖。天台宗清澄寺ほか、比叡山、南都、高野山などで修学。徹底した他宗批判を行い、たびたび幕府や他宗から迫害を受けた。現世と来世を超越した「法華経」の思索を深めた。

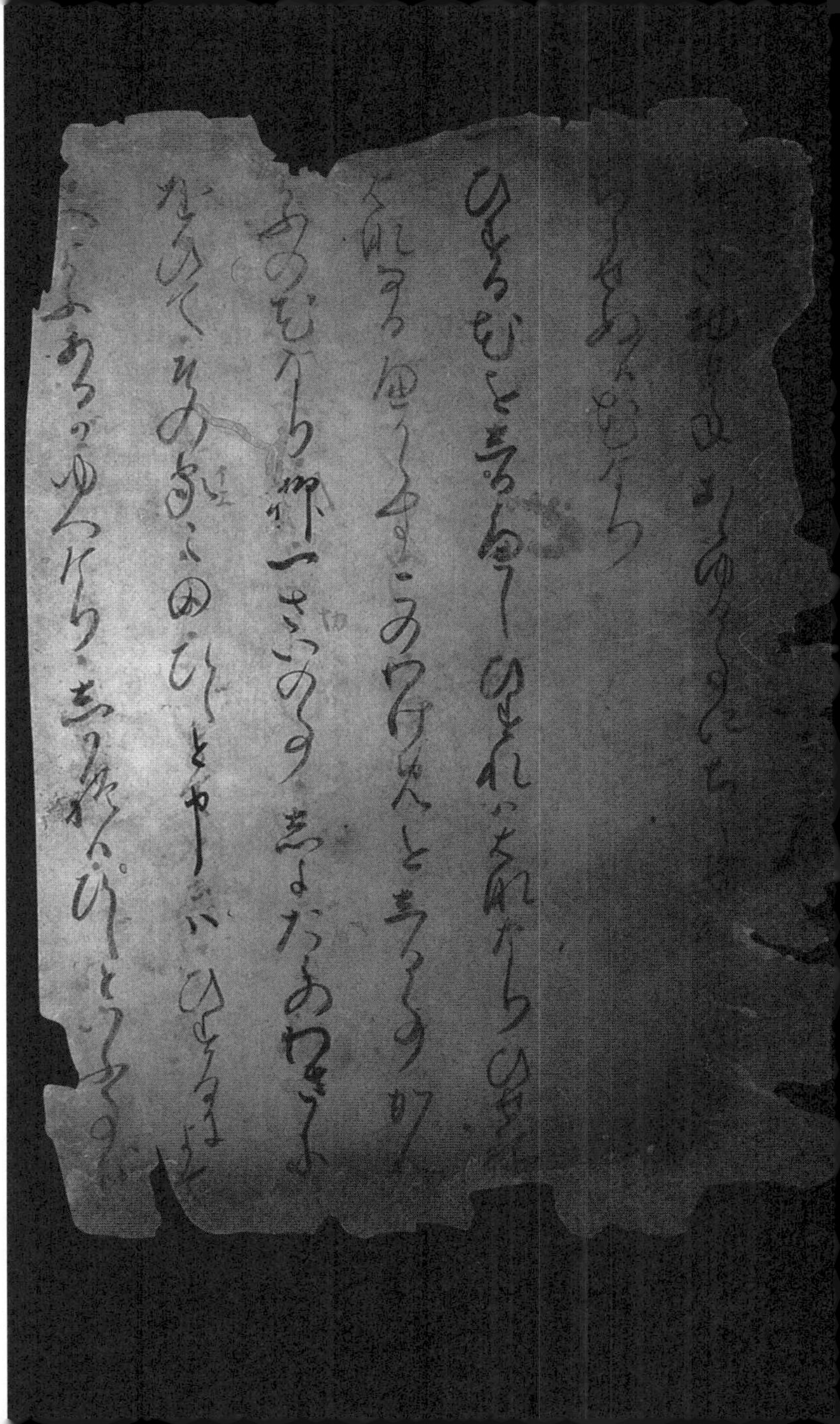

循環する勝負の波をつかめ

世阿弥は、不安定で固定されない、刻々と変化する「場」の「機」をとらえることの大切さを、さまざまな新しい言葉を創造して子孫たちに伝えようとしました。正しい機をとらえることがいかに肝要であるかを、能における勝負の場面で説いた秀逸な文章が『風姿花伝』にあります。そこに登場する世阿弥の造語が、「男時《おどき》・女時《めどき》」です。

この言葉は、向田邦子《むこうだくにこ》さん*1の小説集『男どき女どき』のタイトルにもなり、本の扉にも世阿弥の言葉が引用されていましたので、ご存じの方もいるかもしれません。

男時・女時というユニークな言葉が生まれた背景として、当時の能がどのような形で上演されていたかをまず紹介したいと思います。世阿弥の時代、能は「立合《たちあい》」という競技形式で上演されていました。「猿楽四座立合」のように猿楽の四座が競ったり、猿楽と田楽が競ったりなど、複数の役者が同じ日に同じ舞台で芸を披露し、勝負を競ったのです。勝負と言っても特に審判などがいるわけではなく、どちらの芸がより見栄えがするか、観客の人気を博すかで、勝敗が決まりました。

一日の勝負のうちには、必ず勝負の波というものがあります。向こうに勢いがある時もあれば、こちらに勢いがある時もある。世阿弥は、こちらに勢いがある時を「男時」、向こうに勢いがある時を「女時」と表現しました。

時の間にも、男時《をどき》・女時《めどき》とてあるべし。いかにすれども、能にも、よき時あれば、かならず悪《わる》き事またあるべし。これ、力なき因果なり。

（『風姿花伝』第七　別紙口伝）

男時と女時があることは、努力ではどうにもならない因果である、と世阿弥は言います。男時・女時は、一般的に言えば「陽」と「陰」となるのかもしれませんが、それを男時・女時と表現したところに、世阿弥の独創的な言語感覚が感じられるでしょう。

では、そのようによい時と悪い時がめぐりめぐる勝負に勝つためには、どのようにすればよいのでしょうか。世阿弥はこう続けます。

これを心得て、さのみに大事になからん時の申楽《さるがく》には、立合《たちあい》勝負に、それほどに我意執《がいしふ》を起こさず、骨をも折らで、勝負に負くるとも心にかけず、手をたばひて、少な少なと能をすれば、見物衆も、「これはいかやうなるぞ」と思ひ醒《さ》めたる所に、大事の申楽の日、手立《てだて》を変へて、得手《えて》の能をして、せいれいを出《い》だせば、

これまた、見る人の思ひの外なる心出で来れば、肝要の立合、大事の勝負に、定めて勝つ事あり。

勢いの波が相手に行っているなと思う時は、小さな勝負ではあまり力を入れず、そこで負けてもあまり気にすることなく、大きな勝負に備えなさい。「女時」の時にいたずらに勝ちに行っても、決して勝つことはできない。「男時」を待って、そこで自分の得意な芸を出し、観客を驚かせて一気に勝ちにいくのだ。これが世阿弥の説く戦略でした。

勝負事では、相手がうまくいっている時につい対抗して何かをしようとすると、たいてい失敗します。あるいは、やってもほとんど意味がなかったりします。そういう時は、ただ黙って見ているのがよいのです。そうすれば、必ずまた自分の方に波が来ます。その時に、自分なりの新しい手を繰り出して、その波を捕まえるのです。勝負とはその繰り返しです。

世阿弥は、男時・女時があるのは宿命なので、仕方のないことだと言います。勢いの波は循環しているものだから、いい時があれば必ず悪い時がある。悪い時があれば、必ずいい時がやってくる。つまり、どんなに自分がだめだと思っても、必ずまたよい波が

「豊国祭礼図屏風」伝 岩佐又兵衛筆（徳川美術館蔵　©徳川美術館イメージアーカイブ／DNPartcom）

猿楽四座立合

猿楽の歴史を記した『風姿花伝』「第四神儀」に、春日神社の神事に参勤する大和猿楽四座として外山《とび》、結崎《ゆうざき》、坂戸《さかど》、円満井《えんまんい》が挙げられている。

のちに外山座は宝生座、結崎座は観世座、坂戸座は金剛座、円満井座は金春座と呼ばれるようになり、それぞれの長である大夫が神事祭礼で一堂に会し、天下泰平・五穀豊穣を祈る「翁」を舞って競う立合が行われた。

図は、豊臣秀吉を祀った豊国神社で慶長九（一六〇四）年に催された臨時祭を描いたもので、四座の大夫が「翁」をそろって舞っている。

来るのだから、その波が来るのを信じなさいと言うのです。どちらに波が行くかは、勝負の神が司る定めであるから、来ることを信じて待ちなさいとすら言っています。

信《しん》あれば徳あるべし。

（『風姿花伝』第七 別紙口伝）

信じていれば、必ずいいことがある。これは希望につながります。悪い時というものは、よい時への準備期間。一時の敗北は、次の勝ちへのステップ。そう思うことができれば、たとえ女時にあっても絶望する必要はありません。

しかし、同時に一つ注意すべきことがあります。必ず男時が来ると言っても、ただ何もせず女時を過ごせばよいというわけではありません。女時の時に、男時になったら何をするかの準備をしていなければ、たとえ男時が来てもチャンスをつかむことは難しいでしょう。世阿弥の言葉は、単に流れに身を任せろと言っているのではなく、流れが来た時にどうするか、常に準備をしていなさいということを含んでいます。その準備とは、能役者にとっては今まで取り入れていなかった流儀の芸を取り入れることだったり、新しい作品を密かに書くことだったりするでしょう。

男時・女時は、政治や経済など、現在の私たちを取り巻くさまざまな情勢についても当てはまると思います。景気にしても同じで、よい時があれば、必ず悪い時がやってきます。その循環こそが、資本主義の活力です。同時に、悪くなった時に何をしているかが重要です。バブル崩壊以降、経済が低迷していた期間が長かった日本は、その間、何をしていたのか。例えば、アメリカのＩＴ企業アップルのスティーブ・ジョブズ*2は、創業者でありながら、一度会社をたたき出されました。その後再び会社に戻り、携帯音楽プレーヤーやスマートフォンなど、今日のアップルの発展につながる斬新な機器やシステムの開発を主導し、会社を大きく成長させました。会社から追い出された女時の時、彼は何をやっていたのか。そこを見ることが重要でしょう。

女時の時に、男時のための準備をしているか。私たちもそう自分に問いかけてみると、世阿弥の言葉の深さが一層実感できるのではないでしょうか。

奥の一手を常に準備し続けよう

女時の時に準備し、男時が来たらそれで勝負に出る。人知れず準備した一手が、自分に勝利をもたらす。このことにつながる世阿弥の有名な言葉があります。「秘すれば花」です。

この「秘すれば花」はあまりに有名になってしまい、今ではその意味が少々誤解されているようです。よく、女性はあまり肌を露出しない方がいい、隠している方が魅力的だ、といった、男性側の論理として女性の美しさを語る時に「秘すれば花」が使われているようですが、世阿弥が言った意味はそういうことではありません。世阿弥にとって「秘すれば花」は、まさに勝負に勝つための戦略論です。

秘する花を知る事。秘すれば花なり。秘せずは花なるべからずとなり。この分け目を知る事、肝要の花なり。
そもそも、一切の事、諸道芸において、その家々に秘事と申すは、秘するによりて大用《たいよう》あるがゆゑなり。しかれば、秘事といふことをあらはせば、させる事にてもなきものなり。これを、「させる事にてもなし」と言ふ人は、いまだ秘事といふ事の大用を知らぬがゆゑなり。
（『風姿花伝』第七　別紙口伝）

秘して隠すことが花になる、ということを知らなければならない。秘めておくからこそ花なのであり、秘めずに見せてしまっては花ではない。あらゆる芸能分野において、その家の秘伝というものがあるが、それは秘密にすることで効用があるため、秘伝とされる。秘伝の技、秘密の芸があれば、いざという時にそれで勝負に勝つことができる。

だから、それがたとえ明かしてしまえばどうということもないものであったとしても、秘しておくことこそが大事なのだ。

世阿弥が言う「秘すれば花」は、立合に勝ち、パトロンや観客たちの人気を獲得するための重要な戦術でした。いくらその家の伝統の芸といっても、毎回舞台で見せてしまっていては、観客も見慣れてしまい、「花」ではなくなってしまいます。誰も知らない、「新しく」「珍しい」芸だからこそ、それは「花」となり、勝負の相手や観客を圧倒するのです。

秘しているがゆえにその家の花になる。この例として現在挙げられるのは、流儀によっては、「関寺小町《せきでらこまち》*3」という能は家元しか演じることができないとか、三老女物と呼ばれる「関寺小町」「檜垣《ひがき》*4」「姨捨《おばすて》*5」は、家元が上演するまでは他の人はなかなか演じることができない、といったことが言われる場合があります。観客はなかなか見ることができないということ。するとそれは、その家の「秘した花」になります。

秘することの効用について、世阿弥はこうも述べています。

たとへば、弓矢の道の手立にも、名将の案計《あんはか》らひにて、思ひの外なる手立にて、強敵《がうてき》にも勝つ事あり。これ、負くる方のためには、めづらしき理《ことわり》に化かされて破

らるるにてはあらずや。これ、一切の事《じ》、諸道芸において、勝負に勝つ理なり。

（『風姿花伝』第七　別紙口伝）

例えば合戦においても、将軍の名案により、思いもよらない方法で強敵に勝利することがある。負けた方にしてみれば、意外性にやられた、ということになるだろう。これが、あらゆる芸能における勝負の道理である。

この「秘すれば花」については、私なりに付け加えたいことがあります。それは、いくら秘密がよいと言っても、生涯にわたって秘密にしていたら意味がないということです。どこかでは公にして使わなければならない。「秘すれば花」は、そういう意味では「珍しきが花」と表裏一体です。新鮮な驚きがあるものとして、どこかで使う。しかし、使ってしまえばそれは秘した花ではなくなる。そこでまた新しく秘するものをつくる。つまり、秘すべき花というものは、たった一つあればよいのではなく、常につくり続けていかなければならないものなのです。

世阿弥はそこまで書いていないので、下手をするとただ隠していることがいいのだ、という話にとられかねませんが、そうではありません。世阿弥の主張からしても、秘した花はどこかで見せるから意味があるのです。いざという時に見せて、勝負に勝つためにあるのです。

世阿弥にとってもっとも重要な秘した花は新作能でした。誰も見たことがない珍しいものが「花」であるならば、新作の能は極めて効果的です。しかし、一度見せてしまえばそれは新作ではなくなり、他の人も真似て似たような作品をつくったりするでしょう。そうなったらまた、新しく秘すべき花をつくるのです。常に珍しきもの、新しきものをつくるプロセスが、「秘すれば花」の威力を保つプロセスなのです。

私たちは、ともすると秘密という言葉に惹かれ、何か絶対に明かしてはいけない約束事があるなどと思ってしまいがちですが、そんなものはありません。世阿弥が言った「秘すれば花」は、奥の一手もいったん使ってしまえば効力はない、だからまた新たなものをつくらなければいけないという、一種のイノベーションの教えでもあると思うのです。

自分をコピーしてはならない

最後にもう一つ、『風姿花伝』から世阿弥の言葉を紹介します。

住する所なきを、まづ花と知るべし。

（『風姿花伝』第七　別紙口伝）

意味はまさに字の通りで、一つの場所に安住しないことが大事である、ということです。これは私が一番好きな世阿弥の言葉でもあります。

世阿弥はこの言葉を、第1章で紹介した「花と、面白きと、めづらしきと、これ三つは同じ心なり」に続けて書いています。その意味するところは、同じ演目ばかりを演じていては珍しさもなくなるから、別の演目に変えていくことが大事だ、ということです。つまり、一度やって好評だったり、自分が得意としたりする芸に安住していてはいけないということです。

「住する所なきを、まづ花と知るべし」。この言葉にとりわけハッとさせられるのは、仕事や人生でそれなりの成功を収めた大人たちではないでしょうか。年の若い人はそもそも安住する場所はないでしょうし、成功に向けてがむしゃらにがんばっている人は、今いる場所から違う場所へ行こうとしているわけですから、あまりピンとこないかもしれません。この言葉が響くのは、やはり成功を収め、心のどこかで現状の安定を望んでいる人でしょう。

世阿弥は、今までやってきてうまくいったのだから、これ以上のことはやる必要はない、同じことをやっていればいい、という心こそがだめだと言っているのです。はじめはよいことだったとしても、それに安住することで、それが悪いことに変わってしまう場合もあるからです。

よき劫《こう》の住《じゅう》して、悪《わる》き劫になる所を用心すべし。

（『花鏡』劫之入用心之事《こうのいるようじんのこと》）

自分はもうこれでいい、満足した。そう思っている人は、この言葉にさらにドキリとさせられるのではないでしょうか。成功は、実は、次の失敗のもとになると言っているのですから。

世阿弥のこの戒めは、現代の企業活動などにもすぐ当てはめることができます。大ヒット商品を発売した企業が、その成功体験に安住して次の一手を打ち損じ、結局、他社にどんどん追い抜かれてしまう。一度成功したのだから、しばらくは同じことを繰り返していけば大丈夫だと思うことが、まさに命とりになるわけです。これを打破しようと、組織の中で何か新しいことをやろうとする人が出てきたとしましょう。しかし上司は、自らの成功体験から、「いや、これでうまくいったのだから、もうこれ以上のことはやる必要はない」と言う。まさに、よき劫が悪き劫になるという世阿弥の言葉と同じように、成功者が組織の成長を阻害してしまうのです。

うまくやってきた上司というものは、自分の成功体験をコピーしていればよいという意識にどうしてもなりますから、組織にとっては下手をすると有害な存在になります。むしろその成功体験を否定して、「いや、違う方法がある」という人が出てこなかったら、その組織は結局うまくいかないでしょう。新たな方法というものは、それまでの成功を否定するものであるかもしれない。でもそれを認めなかったら、組織の成長は止まるのです。それをどうしても認めない人が伝統的な価値観を主張する場合は、安定や和を保ちたいというより、今までの枠の中で既得権益を守りたいだけかもしれません。

過去の成功体験を否定し、違うことをやる者が出てこないと、企業であれ能であれ、その次はない。そのことを世阿弥は、一つの場所に安住してはならない、成功体験こそ危ないと言って警告しているのです。

組織に限らず、個人でも同じことが言えるでしょう。結局人間というものは、うまくいけば、どうしてもそのうまくいった自分を模倣しようとします。芸術家でも作家でも建築家でも、うまくいった自分をコピーする。それがその人のスタイルになっていくという面もありますから、一概に悪いとは言えないのですが、しかし優れた人間は、いったんスタイルをつくり上げると、それを壊して次に挑みます。例えばピカソです。[*6] 私はパリのピカソ美術館がとても好きなのですが、あそこは作品の数が多すぎて、とても個々の作品をじっくり観て回ることはできません。しかし、ただ作品の前を歩いて通るだけでも、彼のスタイルが次々に変容していることがよくわかります。青の時代やキュビズムの時代など、「たしかにこれはピカソだ」とわかるスタイルをつくっては、それを壊して超えていく。ものすごいエネルギーです。そのエネルギーを感じとるために、あのピカソ美術館はあるのです。

では、世阿弥自身にとっては、自分のスタイルを壊すとはどういうことだったのでしょうか。これはやはり、他のジャンルの芸能がやっていることを自分たちの芸に取り入れるということだったと思います。世阿弥は、自分を重用してくれた足利義満から足利義持に治世が移って以後、義持が贔屓《ひいき》にした田楽の芸にある「冷えに冷えたり」という、つまり渋い芸風を取り入れるという改革を行いました。他の流派がやっていることを大胆に取り入れる。それは、今までの自分たちのやり方を壊すことに他なりません。世阿弥は、自分の成功体験に寄りかかってはいないのです。生き残るために他の人間のやっていることは真似しても、自己模倣はしていないのです。

自分を壊していく勇気や、自分を乗り越えていく者への期待。それがなければ、組織も芸術も個人も、次の成功を見ることはなく衰退の道をたどるのでしょう。その生命を持続していくために必要なのは、自己模倣ではなく、自己の更新なのです。

悲運の末、自由の境地に

世阿弥の人生は、「人気」や「景気」といったもっとも不安定なものと向き合い続けた人生でした。世阿弥は十二歳で足利義満の寵愛を受けるようになって以降、足利義持、足利義教の治世へと、政治権力の交代の中を生き抜いてきました。近江猿楽や田楽を好んだ義持、世阿弥の甥である元重《もとしげ》（音阿弥《おんあみ》）*7を重用した義教と、それぞれの将軍とその治世に翻弄されながらも、その時々のハードルに挑戦することで、自らの芸を深化させていきました。しかし、その晩年には相次ぐ悲運が世阿弥を襲いました。

七十歳とされる永享四（一四三二）年一月、世阿弥は、嫡男《ちやくなん》である元雅とともに室町御所で演能を行いました。これが、記録に残る世阿弥最後の演能です。しかし、その年の八月、旅巡業の途中にあった元雅が、伊勢で急死します。直系の後継者を失った世阿弥の悲嘆は、大変深いものでした。

さらに、二年後の永享六（一四三四）年五月、世阿弥は足利義教によって佐渡島《さどがしま》に配《はい》流《る》されてしまいます。配流になった明確な理由はわかっていません。息子の元雅が足利政権転覆のクーデターに参画していたからとか、義教が贔屓にした世阿弥の甥・元重に秘伝を託さなかったからなど、さまざまなことが推測されています。しかし、多くの庶

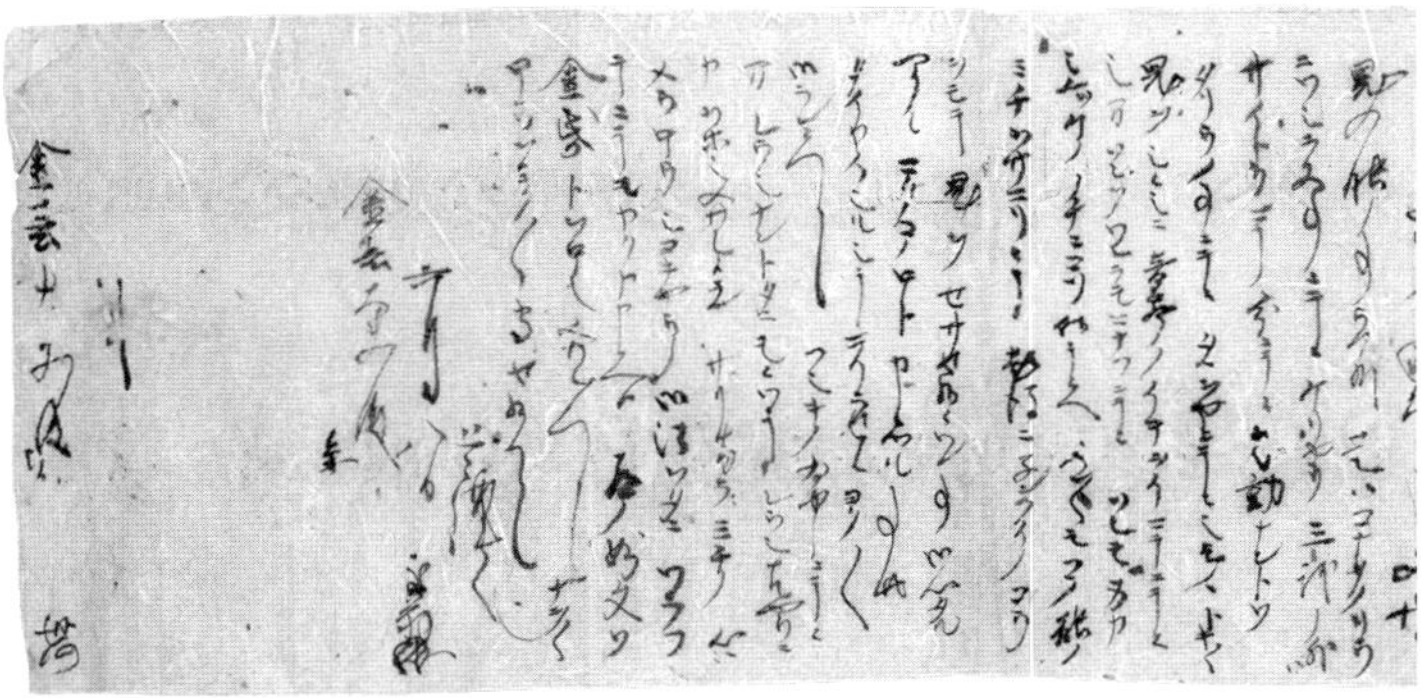

「金春禅竹宛書状」(佐渡状)世阿弥筆 1435年頃(奈良 生駒聖天 宝山寺蔵)

尽きることのない能への情熱

世阿弥が佐渡から女婿の金春禅竹へ宛てた手紙には、まず援助に対する感謝を述べ、禅竹からの鬼の能についての質問に「親である観阿弥も鬼を演じましたが、声や謡の力で鬼らしさを表現しておりました。そのやり方を私も学んだものです。しかも私ですら出家後になって鬼を演じるようになりました。あなたにも能の道を修めた老後に、年来の功をもって鬼を演じてもらいたい」という回答がつづられている。

最後は「田舎の島なので粗末な紙の手紙ですが、大切なことが書かれた『金紙』と思って受け取ってほしい。重ねて芸事の決まりをば、よくよく守られますことを」と結ばれており、佐渡配流後もなお、後継者である禅竹を案じ、能への熱い情熱を失っていなかったことがうかがえる。

民を斬首にするなど暴君と言われた義教に、殺されることなく配流にされたということは、一定の名声が世阿弥にあったからだろうとも言われています。義教は「嘉吉《かきつ》の乱」*8で赤松満祐《あかまつみつすけ》によって殺されます。その時、義教の世話で息子を天皇に即かせることができた伏見宮貞成親王《ふしみのみやさだふさ》までもが「自業自得」と言ったというのですから、義教の暴虐ぶりはわかります。世阿弥は佐渡に流されたあと、再び京都に戻ったとも言われていますが、これもはっきりはしていません。

佐渡に流された世阿弥はしかし、そこで絶望の日々を送っていたわけではないようです。年齢もありさすがに創作意欲は衰えたようで、能の作品は書き遺していませんが、佐渡の風景などを歌った『金島書《きんとうしょ》』*9という謡物集をまとめ、女婿の金春禅竹に書状を送ったりしていました。それらからは、流されてもなお芸の道を後世に伝えたいという世阿弥の情熱が伝わってきます。

禅竹に宛てた手紙のうちの一つで、世阿弥は「却来」について語っています。却来とは、第2章でも紹介したように、ある芸を極めた人がまた元に戻る、ということを意味します。世阿弥はこの却来について、本当は実の息子である元雅に教えたかったのですが、彼は死んでしまったので教えることができません。しかし誰かには伝えなければならないので、「あなたにお伝えします」ということで禅竹に手紙を書きました。

この時、世阿弥はおそらく七十二歳。自分のように年を取った能役者は、自らの芸の完成をどこに見るのか。世阿弥は、それは却来にあると言います。自分たち大和猿楽の出発点であった鬼能に戻ってみるのです。歌舞幽玄風の能を極めた人間たちが、もう一度、いわば下位の能である鬼能をやってみる。下位の能をあえて、自分の自由に、自分なりのやり方で舞い、そこに自分なりの世界をつくってみることがいいのだと言うのです。貴族の趣味に合わせた優美で品のいいものを緊張しながらつくるのではなく、自分の自由の境地を楽しむことがよい。世阿弥が言いたかったのはそういうことだと思います。年を取ったからこそ享受できる自由があるということです。

世阿弥は多くのことをなしとげ、自由の境地にいたった。それは、生涯をとおして完成への道をたどることを能の在り方だとした世阿弥が、自分自身でその在り方を実践したということもできます。生命の更新と自由。それこそ、『風姿花伝』を初めとする、世阿弥の能の伝書が教えていることです。自己更新していくことの喜びを、生命の弾みとする。それが理解できれば、世阿弥の言葉は、今の私たちの言葉として生き続けていることになるにちがいありません。

＊1　向田邦子
一九二九〜八一。脚本家、小説家。テレビドラマ「時間ですよ」「寺内貫太郎一家」などの脚本を書いて一世を風靡した。『思い出トランプ』中の短編連作で直木賞受賞。航空機事故により死去。著書に『父の詫び状』『あ・うん』など。

＊2　スティーブ・ジョブズ
一九五五〜二〇一一。米アップル社の創業者の一人。先見性と創造性に満ちた革新的な製品を次々と生み出し、強いカリスマ性と言動で人々を魅了した。一方で自らの信念を曲げないことから意見の対立を招くことも多かった。

＊3　「関寺小町」
世阿弥作か。庵に隠居する老女のもとへ、和歌の達人であることを聞いた住職が稚児を連れて訪れる。老女は百歳を超えた小野小町で、七夕祭の夜に舞う稚児に誘われて、おぼつかぬ足取りで舞う。老女物といわれるジャンルの最高の秘曲とされる。

＊4　「檜垣」
世阿弥作。美女で知られた白拍子が老いた姿をさらして生きる苦悩を僧に訴え、救いを求める。かつての白拍子の、百歳にもなるという老女の舞が見せ場。

＊5　「姨捨」
信濃国の姨捨山で中秋の名月に現れる老女の亡霊が、この世への妄執を晴らすために舞う。月明かりのもとで舞う幻想的で孤独な老女の舞が見せ場。

＊6　ピカソ
一八八一〜一九七三。スペインの画家。主にフランスで活躍。「青の時代」「ばら色の時代」を経て、「アヴィニョンの娘たち」をきっかけにキュビスムを創始。陶芸・版画・彫刻・舞台美術などで膨大な数の作品を制作し、二十世紀の巨匠

とされる。代表作に「ゲルニカ」など。

＊7　元重（音阿弥）

一三九八～一四六七。能役者。世阿弥の弟の子で観阿弥の孫。世阿弥の通称三郎を襲名しており、一時は世阿弥の養子だったという。四代将軍義持・六代将軍義教の後援を得て、元雅が早世した翌一四三三年に観世座の大夫を継ぎ、観世家では元重を三代目と数えている。

＊8　嘉吉の乱

一四四一年、播磨守護の赤松満祐が、専制政治を強めていた将軍足利義教を、京都の自邸に戦勝祝賀と称して招いて殺し、満祐も播磨で幕府軍に討たれた。義教は元重の能を鑑賞中に殺されたという。

＊9　『金島書』

配流地・佐渡で世阿弥が書いた紀行文風の小謡集。不遇の身であったが心穏やかに佐渡の情景を描写している。

能と世阿弥　関連年表

奈良時代
大陸から散楽が伝わる

平安時代前半
散楽から猿楽・申楽へと名称が変わる

平安時代後半
十世紀後半　のちに猿楽と融合していく田楽が人気となり、専門の芸人が登場
十一世紀後半　東大寺・興福寺などで行われた法会に猿楽が採用される
一一三六　この年以降、春日若宮祭に猿楽、田楽が参加するようになる

鎌倉時代
一二五五　この年以前に興福寺の薪猿楽始まる
一三三三　**鎌倉幕府滅ぶ。**観世流の始祖、観阿弥誕生

南北朝時代（室町時代前半）
一三三六　**足利尊氏が室町幕府を開く**
一三四九　奈良・春日大社の春日若宮臨時祭で今の能につながるものが上演された。四条河原での勧進田楽が盛り上がり桟敷が倒壊する

〈田楽の全盛期〉

一三六三　**世阿弥誕生**（翌年説もある）
一三六八　**足利義満が三代将軍に就任**
——能楽の誕生に重要な存在となる
一三七二　この頃、観阿弥と世阿弥父子が興行した醍醐寺での勧進猿楽が大当たり
一三七五頃　京都・今熊野での観世父子の猿楽能を足利義満が見学。以後、絶大な支援者となる。この時、若い大夫・観阿弥が慣例を破って「翁」を舞う。二条良基が世阿弥に「藤若」の名を与え、その美しさを絶賛

〈猿楽が世に出る〉

一三八四　観阿弥、駿河・浅間神社で舞う。同地で急逝（五十二歳）。世阿弥、二世観世大夫となる

室町時代
一三九二　**南北朝統一**
一三九四　**足利義持が四代将軍に就任**
——義持は田楽を好むようになる

一四〇〇 世阿弥の最初の芸論『花伝』(『風姿花伝』)第三まで成る。この頃、義満から「世阿弥」の名が与えられる

一四〇一 世阿弥の子、元雅と元能が前後して生まれたとされる

一四〇五 金春禅竹(のちの世阿弥の女婿)生まれる

一四〇六 この頃、『第六 花修』『第七 別紙口伝』成立か。以後も加筆修正が繰り返される

一四二二 世阿弥、出家。息子・元雅が観世大夫に

一四二四 世阿弥、『花鏡』を元雅に相伝

一四二九 **足利義教が六代将軍に就任**
——世阿弥父子は冷遇される

一四三〇 元能、世阿弥の芸談を『申楽談義』にまとめてのち出家

一四三二 元雅が伊勢で急死

一四三三 音阿弥が三世観世大夫に。義教の後援で盛大な勧進猿楽を興行
——世阿弥、『却来華』で「一座すでに破滅しぬ」と嘆く

一四三四 世阿弥、佐渡に配流となる。罪状は不明

一四三五 この頃、世阿弥が金春禅竹に書状を送り、鬼能について助言

一四四一 **嘉吉の変。足利義教、音阿弥の能を見物中に暗殺される**

一四四三 一説によれば、**世阿弥、没**(八十一歳)

一四六七 **応仁の乱**。京都における約十年に及ぶ戦乱のため能は急激に衰退。音阿弥、没

安土桃山時代

豊臣秀吉、徳川家康ら戦国大名に好まれ、能は庇護される

江戸時代

二代将軍秀忠により、能と狂言は幕府の公式の行事で披露する「式楽」と定められる。芸の洗練と格式化が進み、庶民にも広がる

明治時代〜現代

武家の没落とともに能は危機を迎えるが、華族や財閥に支えられ、屋外から屋内へと舞台を転じるなどの改革によって乗り切る。「猿楽の能」から、狂言と合わせて「能楽」と呼ばれるようになる

二〇〇一 「能楽」が第一回世界無形文化遺産に登録される

二〇一三 観阿弥生誕六百八十年、世阿弥生誕六百五十年を迎える

ブックス特別章

能を見に行く

写らないものが写る時

ここまで読んでいただいて、きっと「それでは能を見に行くか」、と思った方は多くいることでしょう。テレビでも時々は能を放映していることがあります。記録媒体として、あるいは教育用としてはテレビはとても有効です。しかし、どうも能はテレビではうまく表現の世界を伝えきれないものがあります。その理由は、能が能面をつけて舞っていることにあるかもしれません。能は、能舞台全体や能役者の体の全てとの関係のなかで見ているので、部分だけを切り出して映像にしてみても、どうも能に触れている感じがしないのです。歌舞伎ですと、確かに劇場でないと見えないものもありますが、テレビの映像ですとクローズアップされた役者の表情が直接よく見えるので、舞台で見るのとは異なる魅力もあることでしょう。能面の場合、それをクローズアップしてみても、能面の表情は見えてきません。能面にも表情はありますが、それは身体全体との関係や遠くを見るといったことから生まれる表情です。世阿弥もそのことを言っていました。「遠見《えんけん》」という言葉です。

能の写真の名人に、吉越立雄さんという方がいました。能の写真というと、どうしても絵はがきのようなものになりがちです。吉越さんの写真はそうしたものとは一線を画していました。ライカのカメラを使ったモノクロの写真です。今でも私は、よく吉越さんが撮った観世寿夫の能「大原御幸《おおはらごこう》」の建礼門院《けんれいもんいん》の写真を使います。能とはこういうものだと説明するにはもっとも的確な写真だからです。動いていなくても、カラーでなくても、「大原御幸」とはどんな能で、能の表現とはどんなものであるかがよくわかるからです。その吉越さんの逸話を演劇評論家の渡辺保さんが書いています。渡辺さんが新聞に能楽批評を書いている時がありました。写真は吉越さんが担当でした。隣に座って写真を撮っていた吉越さんがなかなかシャッターを押さないので、どうして撮らないのですかと言ったところ、吉越さんが「これは写らないんだ」と言ったというのです。舞台には写らないものがある。もしかして観世寿夫の写真は、写らないものが写っていた奇跡の瞬間かもしれません。その奇跡は、観世寿夫という一代の天才のみに許されていたものなのでしょう。もう一つ、吉越さんの逸話があります。それは直接私に関係しているのですが、私がプロデュースした公演は全て吉越さんにお願いしました。吉越さんの写真を撮る場所は決まっていて、最前列の正面に向かってちょっと右に振った席でした。私の知り合いのカメラマンが能の写真を撮りたくて、吉越さんの隣の席に座りました。能の写真を撮るのは大変で、シャッター音は当然に出してはならないので、吉越さんは自分のカメラに工夫をして、音が出ないようになっていました。知り合いのカメラマンも、そこは自分なりに工夫して、音が出ないようにしていました。隣で写真を撮っていて、知り合いが言うには、ある瞬間に吉越さんが思わずしまったという感じで体を動かしたというのです。ここで撮るんだったと思ったのでしょう。そこを逃した。写らないものがあるが、写らないものが現れた瞬間があった。そうなのかもしれない。舞台はそんな瞬間の連続で、実際に能舞台を見ることは、吉越さんと同じように、観る者の感受性の機能を刺激する瞬間の連続体です。それを私たちは、記憶の受容器官に写しこんで、瞬間をまるで永遠の記憶のようにして保存しているのです。それは映像にもならない、感覚の記憶でもあるでしょう。能も音楽も、こうして人生の出来事になっていくことは、みなさん自身が経験していることです。

能を実際の舞台で見ていただきたいと思うのは、この人生の出来事にきっと能がなるからです。

ワキ正面から見る

それでも能を見ることは敷居が高いかもしれません。今では東京なら千駄ヶ谷に国立能楽堂があるので、情報はインターネットにも出ていて、チケットを買うことができます。平日昼間の公演もあるので、その時間なら見やすいという方もいるでしょう。国立能楽堂に行くと、チラシも並んでいますから、どんな公演があるかを知ることができます。

東京なら他にも観世流、宝生流、喜多流の能楽堂があります。観世流には家元の能楽堂（二〇一五年現在は渋谷松濤。一六年から銀座の松坂屋銀座店跡地を中心とする再開発地区に移転予定）と梅若能楽学院会館（東中野）、銕仙会《てつせんかい》能楽研修所（南青山）、矢来能楽堂（神楽坂）があります。宝生流は宝生能楽堂（水道橋）、喜多流は喜多能楽堂（目黒）があります。いずれも公演情報は、インターネット上で見ることができますので、チケットを買うことができます。正面席は値段もはりますが、ワキ正面の席ならば安いチケットもあります。私のおすすめは、ワキ正面の席から見ることです。安いということもありますが、実は、私は多くの感動的な舞台をこのワキ正面から見ていました。踏み込んで言えば、ワキからの方が能を深く見ることができるとさえ思います。つまり、ワキから見ている方が、能を立体的に見ることができるのです。正面だと平面的に見えてしまう。ワキから見る視点は能だけにあるもので、通常の劇場は全て正面からの視線です。ワキから見ていると、能の舞の動きを正面からワキに向かってくる動きのなかでとらえることができて、光から闇へと入り込んでくる舞の動きを受けとめる形になっているのです。だから、能を見るならワキ正面という席から見るのもいい、と言いつづけてきました。

東京以外であれば、横浜に横浜能楽堂があります。名古屋にも名古屋能楽堂、大阪には大阪能楽会館、大槻能楽堂、京都には京都観世会館、金剛能楽堂、福岡には大濠《おおほり》公園能楽堂等があり、これは私の知る限りで、各地に能楽堂があり、情報はインターネット上で知ることができます。

矢来能楽堂の思い出

どうしても私の生地である東京のことが中心になりますが、私のなかでもっとも思いが深いのは、東京神楽坂にある矢来能楽堂です。私が二十歳代に初めて能を見たのは、この矢来能楽堂でした。もう四十年ほど前のことです。現在も同じ場所にあり、その雰囲気も変わりません。矢来能楽堂は、他の能楽堂とは異なる雰囲気があります。地下鉄東西線の神楽坂駅からちょっと坂を上がって、路地を入ると矢来能楽堂です。と言っても、能楽堂という劇場のようにあるのではなく、普通の小さな民家と同じ門構えを入っていくとそこが能楽堂なのです。中は、そんなに大きな空間ではなく、椅子席の後ろには正面に桟敷があって、座って見るようになっています。私はこの桟敷から見るのが好きでした。こんな能楽堂はほかにありません。昔の小津安二郎の映画を見ていると、桟敷のある能楽堂が出てきます。小津の映画のロケは、東京駒込の染井能楽堂であったということですが、今はこの染井能楽堂は壊されてありません（能舞台の背面の鏡板だけは横浜能楽堂に移築）。私は駒込中学校に通っていましたので、壊される前の能楽堂を知っています。よく外から稽古しているのを見ました。

矢来能楽堂こそ、私の能楽勉強開始の場所で、毎月の例会を見に行きました。知り合いの家に行くような感じでしたから、肩肘《かたひじ》はったことがなく、実にのんびり能を見ることができたのです。この能楽堂を主催する九皐会《きゅうこうかい》の当主・先代観世喜之が、もう老境に達していましたが、実にきっぷのいい江戸っ子ぶりで、時々挨拶に舞台に出てくると、まるで子供のころに親戚の左官職人の大叔父と話していた時のような感じになって、気分が良かったものです。観世寿夫との衝撃的な出会いを経験したのも、この矢来能楽堂での記念公演の時でした。

今も矢来能楽堂の雰囲気は変わりません。気楽に能を見るなら、この能楽堂に月に一回通うのもなかなかいいものです。どの能楽堂も、よほどのことがないかぎり、前売りで買わなくても、当日売りのチケットが残っています。不安ならば、電話をすればどこも丁寧に対応してくれます。九皐会のインターネットでのサイトは充実しているので、情報はきちんと取れます。個人の能楽師も自分の会をやっていますから、チケットの窓口に電話すると当人の家であったりして、能楽師が電話に出てしまうこともあるので、おもしろいかもしれません。昔、松本謙三さんという能楽のワキ方の名人がいて、「松本謙三の会」というのを主宰していました。その会で「藤戸《ふじと》」という能が出て、壮年期の野村万作さんが間狂言という役割で登場して、実に素晴らしかったので、この「藤戸」のことを書く時に、なにか尋ねることがあって、「松本謙三の会」に電話したら当人が出てきてしまって、面食らったことがあります。今となっては楽しい思い出です。

能楽堂がお住みになっている近くにあるならば、ぜひ常連になってください。能はけっして最初からわくわくするような芸能ではありません。退屈するかもしれない。しかし、テレビで退屈するのと、能楽堂で退屈するのとでは、退屈の経験が異なります。釣りに行くと、じっと釣り竿を川に入れたまま座っているのは退屈ではないかと思うのですが、どうもそうではないらしい。ただ川の流れを見ているだけで、釣れなくてもいいものらしい。私は釣りはついに縁がなかったのでなんとも言えないのですが、能も同じではないかと思うことがあります。ただ目の前でゆっくりとしたものが流れている。時には座ったままの人間が舞台にいる。その流れのなかに束の間の一瞬、なにかが見える。退屈ならば寝ていればいい。寝ようと思わなくても眠くなる。ふっと目をあけると、そこにはなにかがある。

能を良いものとしてきた「なにか」

伝統芸能のおもしろさを私はあまり上手く説明できません。なぜおもしろくなったのかと聞かれても、よくわからない。恋の始まりは理由もなく訪れ、終わりにはいつも理由がある、という言葉を耳にします。名言だなと思うのですが、能の場合も、私がなぜおもしろいと思うようになったか理由はわからない。終わりには理由があって、能楽堂に行く体力がなくなればそこで私の能楽体験は終わりです。ただ、能であれ、ヨーロッパのクラシック音楽であれ、それが多くの人間と歴史のなかで良いものとされてきたことには、なにかの理由があるはずです。人間である以上、この歴史の試練をへてきたものを知らないでいることは、大きな損失になると思ってきました。事実、年齢を重ねてくるごとに、聴けなかったものが聴けるようになる。それまでは義務として聴いていた時もあります。クラシック音楽であれば、ベートーベンやモーツァルトの音楽は十歳代でも聴くことができました。バッハはほんの少し聴くことはできたけれど、三十歳を越えて初めて本格的に聴くことができました。ブルックナーは全然だめで、五十歳を過ぎてようやく聴けるようになった。ワーグナーは依然として今も聴くことができない。モダン・ジャズは十歳代からずっと聴いてきたし、人生の精神的危機のようなものが私にもあって、そんな時に二十歳代でしたが、救ってくれたのはモダン・ジャズでした。アドルノという二十世紀の大事な哲学者がいるのですが、音楽論もかなり書いていて、私は、そのなかで、アメリカのジャズを軽薄な音楽として批判する文章を読んでからは、アドルノの音楽の本を読まなくなりました。バッハの『フーガの技法』とアート・ペッパーやコルトレーンのサックスは私のなかで同じ価値を持っていたのに、アドルノはなんという不寛容な感覚趣味の愚か者だと思ったのです。

能についても言えば、能を理解できないということは、けっしてないはずだと思っています。六百年以上の間多くの人間がこれを良いものとして大事にしてきた。そこに「なにか」があったからです。川の流れを見つづけなければ魚は釣れない。歴史の流れを見つづける思いで、能を見ていれば、歴史のなかを動いてきた「なにか」がそこに見えるはずです。

さらに言えば、外国人と話している時は、やはり日本の文化を意識せざるを得ない。むこうは、基礎的教養としてシェイクスピアの芝居のことぐらいは言うかもしれない。それに対して、私はシェイクスピアより二百年前の能のことを語ることができる。そこでは形勢は逆転する。相手から学ぶためには、相手に教えることができるものが必要です。文化も交換です。相手にわたすものがなければ、相手も真剣にならない。

何年か前に、マサチューセッツ工科大学（ＭＩＴ）にあるメディア・ラボを見学に行ったことがあります。新館の設計者が日本の建築家槇《まき》文彦さんだったので、それを見たいということがありました。そこには、日本人の研究者もたくさんいて、今の所長は日本人です。見学中に、日本人の研究プロジェクトに出会ったのですが、その日本人の研究者は、自分の研究を説明する時に、世阿弥の「離見の見」という言葉をつかったのです。それは、私たちが日本人だからではなく、アメリカで自分の研究を説明する時の戦略のように思えました。相手の文化の文脈のうちで説明するよりは、日本の文化の文脈で先端的研究を説明する方が、戦略的には有効であったからでしょう。もちろんその時は、私が世阿弥の本を書いていることは黙っていました。他の例では、木村敏《びん》さんという精神分析学の魅力的な人がいますが、木村さんは外国で講義をする時の定石があるらしくて、黒板に漢字で「無」という字を書くことから始めるらしいのです。これも、海外で自分の考えを主張するための戦略でしょう。世阿弥の言う「珍しさ」や「新しさ」を日本の文化が海外では持つことができる。そこから話を始めれば、まず関心を引くことができます。

能は場所を選ばない

しかし、近くに能楽堂もなく、能を見る機会はなかなか訪れないという方もいるかもしれません。そんな方に、私がこんなことをしたらもっとおもしろいという提案をしましょう。その提案とは、みなさん自身が能の公演のプロデューサーになって、お住まいの町や市に能の公演を呼んでしまうことです。四、五人の仲間がいれば、能をプロデュースすることができます。私自身が、三十年以上にわたって能楽プロデューサーとして仕事をしていました。私はそれを商売にしていたのではなく、今の言葉でいえば、非営利団体としての能楽公演団体をつくりました。最初はスポンサーなしだったので、大変だったのですが、何年かしてスポンサーの企業がついて、全面的なバックアップのもとで二十年以上その団体（橋の会）をつづけました。

それをみなさんがやってみるのは、単に能を見ること以上におもしろいことだと思います。みなさんの町には、お寺も神社も、あるいは公民館も学校もあることでしょう。

劇場もあるかもしれない。場所は、そうした公的な場所を選ぶのがいいでしょう。公的な場所であれば、それを持っている公共団体の資金援助を得ることもできるかもしれません。また地元の企業をスポンサーにすることも可能です。

どんな場所でも能を上演することができます。歌舞伎などと異なるのは、能が場所を選ばないということです。なによりも、能には装置というものがない。能楽堂に行けばわかるように、装飾も装置もない空間が能楽堂です。なにもない空間がそこにあって、能楽師しかいません。能の力を感じるのはこのなにもない空間のなかで、世界をつくってしまうからです。

私自身の経験を少しお話ししましょう。私たちが能の公演を企画した時は、当初は能楽堂での公演を中心にしていました。何年かして、能の歴史を考えると、能楽堂というものが近代の産物で、それまでは、野外の能舞台か、もしくは野外に架設の舞台をつくってやっていたことに興味がわきました。世界のどこもが能の舞台だったのです。

たとえば、江戸時代の末期に、東京の今でいえば、秋葉原に近い日除け地（火事がひろがらないようにつくられた空き地）に架設の能舞台をつくって、勧進能というものが行われた記録があります。絵巻も残っていて、どういうふうに能を公演していたのかが、よくわかります。

架設の能舞台

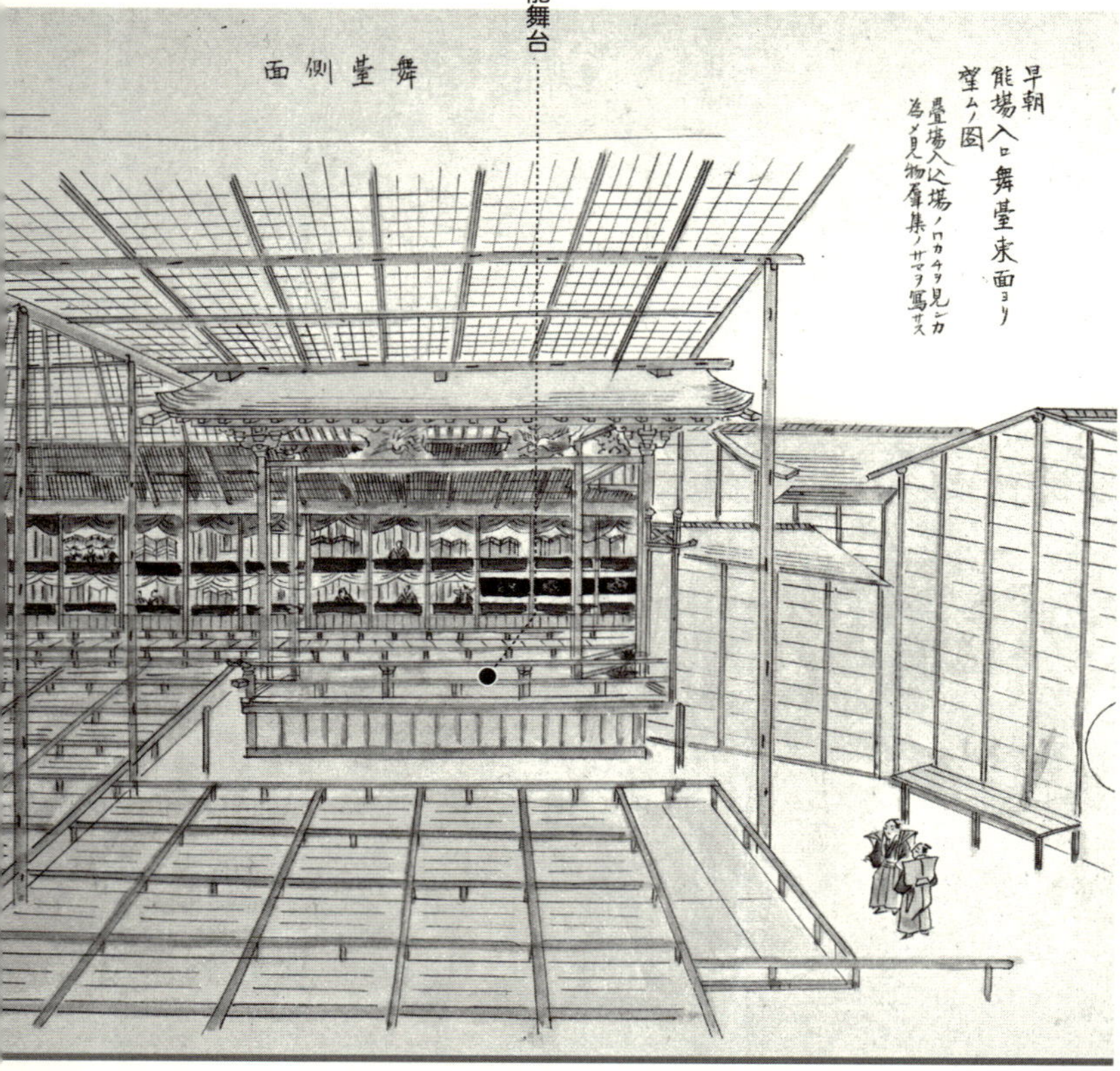

『弘化勧進能絵巻』
「舞台桟敷一覧之図」より

（野上記念法政大学能楽研究所蔵）

天井には油障子をはって
雨でも興行できるようにした

土間を囲むように
武士やその家族用の
桟敷席が設けられた

能舞台の周りは
町人が座って見る土間

江戸時代末期に、江戸神田筋違大橋（現在の万世橋付近）で興行した勧進能を描いた絵巻物。多い日には五千人以上の入場者を数えたという興行の模様を、克明に描いている。

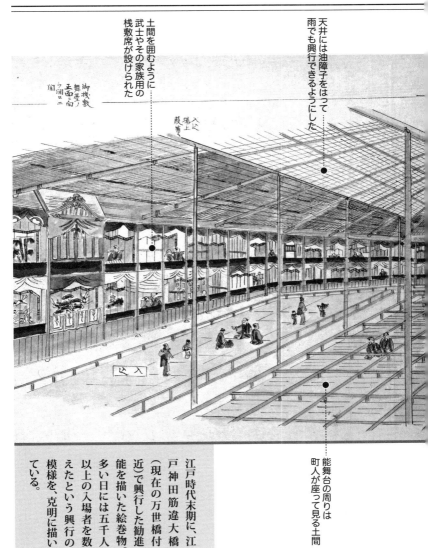

天井は油障子がはってあって雨でも上演できるようになっていました。一階の能舞台の周囲が土間になっていてそこに町人が座って見ることができるようになっています。土間を囲んで二階席が桟敷になっていて、そこでは武家や武家の家族が見ていたのがわかります。入り口が一階と二階とは別になっていて、一階に通じる通路には、弁当やお酒を売る売店が仲見世のようになって出ていて、観客はそこで弁当を買い、土間で食べながら見ているのです。五千人ぐらいは入っていたというのですが、架設とはいえ相当に広い空間です。イメージとしては、今の相撲の国技館を思いおこせば、かなり近いものがあります。朝から江戸に触れ太鼓が歩いて、まったく相撲と同じです。

世阿弥の時代も、河原に桟敷を組んで、能を見ていたりしています。観客が興奮のあまりその桟敷が崩れて大事故になるといったことも記録に残っています。今でも、春日大社で「芝能」というものが行われていますが、芝生の上で能を上演していたわけです。「芝居」という言い方はここから来ているのでしょう。

芝生の上で能を上演するのは、ちょっと困るかもしれませんが、能楽堂でなければ能が上演できないわけではありません。

こうした歴史をふまえて、私たちは、能楽堂以外の場所での公演に積極的になりました。その最初の公演は、建築家の伊東豊雄さんが設計した、六本木のカフェでの公演でした。そのカフェは金属のテント張りのような形でなかはテーブルをとってしまえば、土間になるものでした。天井にスチールの雲形が浮いていて、それがとても美しかったのを記憶しています。その建物自体は、架設のもので壊すことを前提にして建てられていたので、能の歴史を踏まえて、架設の空間での公演をやろうとしたのです。当時としては珍しい企画でしたから、新聞に取り上げられると、たちまちチケットは売り切れて、プロデューサーとしてもかなり興奮しました。舞台は借り物でしたが、それを組み込んで、熱気の溢れる公演になりました。

東京駅の構内でも、能を上演したことがあります。東京駅のドームの下に舞台を組んで、草月流の家元であった勅使河原《てしがわら》宏さんがデザインした竹の空間で能を上演したのです。美術館でもやったことがあります。海外でも、アヴィニヨン演劇祭に参加して、巨大な石切り場で能を上演しました。これは、観客はいっぱいであったけれど、お金がかかりすぎて公演の内容面でもはっきり失敗でしたが、その責任は私にありました。プロデューサーとしてまだ未熟で演出家をふくめて全体を統括できなかったのです。私も痛い思いをしましたが、今となっては良い思い出です。まだ若かった野村萬斎さんが出演していて、その名前を名乗った直後でもあり、一人彼の写真が大きくフランスの新聞に載って存在感十分で、今の野村萬斎の素晴らしさを予告するものでした。

みんながプロデューサーになれる

　こうした野外公演でいちばん印象に残ったのは、厳島《いつくしま》神社の水上の能舞台での公演と、奈良石上《いそのかみ》神宮での公演でした。現在では、厳島神社の能舞台での公演は友枝昭世さんが定例として毎年一回やっていらっしゃいますが、当時は、昼間に喜多流の公演が年に一回あるだけで、夜のしかも有料の公演は初めてでした。チケットは早々に売り切れて、一般の観光客が全て帰ったあとに、船で公演の観客が厳島神社までやってきました。その時は、私はプロデューサーの特権で、一人厳島神社に立って、誰もいない神社の世界を独占できました。神社の回廊に立って、夕焼けに染まる瀬戸内海の潮が干潟になった神社の境内にひたひたと入ってくるのを見ていました。最初は、たった一本の水の流れがあって、それがすーっと入ってくると、だんだんと潮が上がってきて、いつしか能舞台は水の上に浮かんでいるのです。その美しさは言葉では伝えられないほどのものでした。

　石上神宮での公演は、この神社のことが題材になっている能を上演しましたので、神社の全面的協力を得られて、普段は入ることができない場所に楽屋をつくって能を上演しました。まさしく石上の女神がそこに登場するので、不思議な感覚でした。

厳島の場合は、能舞台があったのですが、石上の場合は、能舞台はなく神社そのもののなかで能を上演しました。

能は、すでに申し上げたように、装置も必要なく、普通のホールであっても、パンチカーペットを敷けば上演できます。能の不思議さは、そんな簡素な舞台であっても、きちんと表現が成立して、能楽堂と同じか、もっと直接に能に接することができるということです。

プロデュースする場合は、能楽師自身かその関係者に直接相談するということになります。出演料については、能の協会に決まりがあるので、それを標準にすれば、そんなに大変なお金がかかるわけではありません。能楽の流派の事務所に相談することもできます。基本的に能は個人営業なので、能楽師個人に相談することもできます。集められる資金を話して相談することもできるでしょう。

薪能などということになると、夜に照明設備を野外に設置しなければならないので、お金もかかりますが、町のライブハウスで上演することになれば、特別な照明は必要ないでしょう。そうやって、どこでも能が上演されるようになれば、能を身近に感じて、能のおもしろさや美しさを感じることができます。

またそうした公演を組織することが、地域の文化を支える集団をつくることにもなります。自分たちで手づくりでやってみる。特別になにか場所をつくるのではなく、ありあわせの場所で、能の公演をやってみる。レヴィ＝ストロースという文化人類学者が、未開の文明のあり方を「ブリコラージュ」という言葉で表現しました。言葉として「日曜大工」といった意味もあるように、特別な道具があってなにかをつくるのではなく、ありあわせの道具と素材でモノをつくるという意味です。私たちが能をプロデュースすることはこのブリコラージュです。ありあわせの空間を変化させて、舞台を準備して、能楽師に来てもらう。そのありあわせの場所が、能によって特別な空間に変化していく。この空間の変化のダイナミズムを演出するのは、みなさん自身です。能には、その力があります。

能は権威があるから難しそうだなと思うかもしれません。これまでの経験から私ははっきり言うことができますが、能ほど権威的でない集団はありません。さっき述べたように能は基本的に個人営業です。歌舞伎などは興行会社もあり、とても簡単にどこでもやるというわけにはいかないし、舞台の装置や人数を考えると大変なことになります。能は、いちばんリベラルだと自信をもって言えます。能楽師かその関係者に相談すれば、出演者もその人が集めるでしょう。あるいは、各流儀の、たとえば観世流なら観世文庫や九皐会の事務所とか銕仙会の事務所とか、宝生流なら宝生能楽堂の事務所に相談すれば、きちんと相談にのってくれるはずです。

なにかモノを売るのは大変ですが、文化のためにお金を集めるのは楽しいものです。私がプロデュースしていた時、現代美術のプロデュースのためにお金を集めている方に、こう言われたことがあります。その方はとても有能で、日本を代表する美術コーディネーターであったのですが、「土屋さんは能だから楽よね。私なんか現代美術の作家のことを全部ことこまかに資料を準備して説明しないと、お金を集められない。土屋さんはこれは能ですと言えばいいんでしょう。それだけで納得してもらえるじゃない」と言ったのです。そんなこともないのですが、確かにそうした一面もあります。能は誰でも知っている。実質はけっして権威的ではないのに、芸術としては権威がある。企業や公共団体に言って、予算を貰うという場合には、能は実に説得力があります。

それを商売にするのではなく、文化ボランティアであるのならば、みんなと一緒に地域に文化の華やぎをつくることができます。それで儲かるわけではないけれど、十分に感動という報酬を得ることができます。

能をプロデュースする地域活動を始めるのは、きっと楽しいと思います。世阿弥が語ったことが身近に感じられることでしょう。世阿弥自身が、単なる能楽師ではなく、興行師でもありました。プロデューサーであったのです。世界をつくるプロデューサーでした。そして、彼自身も、どこでも能をやったのです。能楽堂もホールもない時代に、世界が舞台でした。その世界を、みなさんがつくることができます。

みなさん自身が、能を自分たちの芸術にしてみてください。つまり、みなさんが世阿弥になってください。そこには、今までとは違う世界がきっとひらけていることでしょう。

能の見方、楽しみ方

最後に能を見る隠し技的な方法を提案しておきましょう。各能楽師は、素人のお弟子さんをもっています。能を舞うシテ方も、能の囃子方も、素人のお弟子をもっています。このお弟子さんが御稽古の成果を見せる、素人会があります。なんだ素人会かと思う人がいるかもしれませんが、この素人会がなかなかの穴場なのです。舞ったり、鼓を打ったりするのは素人なのですが、つきあいに出てくる囃子方やシテ方はプロの能楽師です。これが時として、豪華配役であることが多いのです。私も、昔は、この情報を得て素人会を見に行ったことがあります。もちろん無料の公演です。誰でも見ることができます。能楽堂に聞けば情報は得られるでしょう。能楽師も見物は大歓迎です。

私も、一時期、能の謡と仕舞を習っていました。素人会に出たこともありますが、その素人会で、八十歳に近い素人の方が、「翁」を舞いました。「翁」を素人が舞うのは、とても難しい。なにか特別な舞があるわけではないので、技術として難しいことはありません。しかし、「翁」の世界をつくるのはとても難しい。ところがそのご老人の「翁」は、今思い起こしても実に素晴らしかった。風格があって、品がありました。その方の人生が見えるような「翁」でした。そんな「翁」は、プロでもなかなか舞うことはできません。

友人でやはり能を習っている人がいますが、その人は「道成寺」も舞っている、毎年能を舞っています。素人を超えた芸の風格がある。むしろ素人であるからこそ虚心坦懐《きょしんたんかい》に能を舞っていて、その虚心が能に風格をつくるのです。その人は、技術も素晴らしいが、なによりも、この虚心が大事です。ややもすると、能楽師のなかには、どうだ上手《うま》いだろうという気持ちが透けて見える場合があります。そうした能はどんなに上手でも、能としての品格が欠ける。嫌な能になってしまう。昔、五味康祐さんという作家がいて、音楽やオーディオ批評でも有名でした。その五味さんが指揮者のカラヤンを評して「今朝なにを食べたかがわかる音楽だ」と言ったことがあります。上手い言い方だなと思ったことがありますが、つまりは日常が透けて見えてしまうということでしょう。私は、実はカラヤンが好きでした。カラヤンのオペラや現代音楽はとてもおもしろい。でも五味さんの言い方はよくわかりました。同じように、能にもその日のご飯の匂いがするようなものもあります。だから、素人の方が虚心に能をやっていて、それがいいのです。

能を見る機会は、こう考えてみると、たくさんあります。チケットが高いというならば、無料の素人公演もあり豪華囃子方やシテ方も経験できます。安いワキ正面の席から見れば、正面の高いチケットよりも深く能を見ることができます。

もう一つ、私がよくお話ししていることを書いておきましょう。それは、若い能楽師の能を見て、その能楽師をずっと見つづけることです。私もそうでしたが、能や音楽をずっと若い時から見たり聴いたりしてきて、やはり一人の芸術家がどのように成長し、反対に結局は成熟しなかったかという歴史を見ると、芸術というもののあり方を知ることができます。芸術の素晴らしさも怖さもわかります。

幸い、現在の能では、どの流儀も若い、あるいは中堅といわれる能楽師がとても良いです。こんなに若い能楽師がそろっている時代はなかったのではと思うほどに、若い能楽師、四十歳を前後する能楽師がとても良い。

ぜひ、この日本を代表する芸術を貪欲に見てください。きっと人生の時々を支えてくれるものがあるはずです。

あとがき――テレビの後で

テレビに出演するというのは、ふつうのことではない。ひとりでカメラに向かって話す経験は何度かあったが、あまり楽しくない。できればやりたくない。そう思っていたのですが、「100分de名著」に出たときは全く違う経験でした。楽しかった。伊集院光さんと武内陶子アナウンサーと話していることが、テレビでなくてもよくて、カフェで話しているような錯覚におちいった。

なによりも私が話す世阿弥のことに伊集院さんが的確なコメントをしてくれて、そうなると、私から伊集院さんに話をふってみたりして、世阿弥と同じ芸能者としての経験を聞くことができた。本当はそのコメントと発言を再現したかったが、諸事情があって残念ながら叶わなかったので、ＮＨＫのオンデマンドで視聴していただきたい。世阿弥の言葉はいまも、伊集院さんの言葉に生きているのです。

本書は、「NHK100分de名著」において、2014年1月に放送された「風姿花伝」のテキストを底本として一部加筆・修正し、新たにブックス特別章「能を見に行く」などを収載したものです。

装丁・本文デザイン／水戸部 功・菊地信義
編集協力／山下聡子、湯沢寿久、鈴木由香、福田光一
図版作成／小林惑名
エンドマークデザイン／佐藤勝則
本文組版／㈱CVC
協力／ NHKエデュケーショナル

p.1　「井筒」シテ：観世寿夫（1977年、撮影／吉越立雄）
p.13　厳島神社の能舞台
p.45　世阿弥が使用したとされる能面「小癋見《こべしみ》」（観世文庫蔵）
p.73　『洛中洛外図屏風』に描かれた、京都・賀茂の河原での勧進猿楽の様子（歴博甲本、国立歴史民俗博物館蔵）
p.103　「花伝第七別紙口伝」世阿弥筆。三行目が「……秘すれば花なり……」の部分（観世文庫蔵）

土屋恵一郎（つちや・けいいちろう）

1946年、東京都生まれ。明治大学学長。明治大学法学部卒業、同大学院法学研究科博士課程単位取得満期退学。専攻は法哲学。中村雄二郎のもとでハンス・ケルゼン、ジェレミ・ベンサムなどの研究をするかたわら、能を中心とした演劇研究・上演の「橋の会」を立ち上げ、身体論とりわけ能楽・ダンスについての評論でも知られる。1990年『能——現在の芸術のために』（岩波現代文庫）で芸術選奨新人賞受賞。芸術選奨選考委員（古典芸能部門）、芸術祭審査委員（演劇部門）を歴任した。北京大学日本文化研究所顧問。主な著書に『正義論／自由論——寛容の時代へ』『元禄俳優伝』『世阿弥の言葉——心の糧、創造の糧』（以上、岩波現代文庫）、『幻視の座——能楽師・宝生閑聞き書き』（岩波書店）、『能、ドラマが立ち現れるとき』（角川選書）など。

NHK「100分de名著」ブックス
世阿弥 風姿花伝

2015年 2月20日 第1刷発行
2025年 5月15日 第13刷発行

著者————土屋恵一郎 ©2015 Tsuchiya Keiichirou, NHK

発行者———江口貴之

発行所———NHK出版
〒150-0042 東京都渋谷区宇田川町10-3
電話 0570-009-321（問い合わせ） 0570-000-321（注文）
ホームページ https://www.nhk-book.co.jp

印刷・製本—広済堂ネクスト

本書の無断複写（コピー、スキャン、デジタル化など）は、
著作権法上の例外を除き、著作権侵害となります。
落丁・乱丁本はお取り替えいたします。定価はカバーに表示してあります。
Printed in Japan ISBN978-4-14-081653-0 C0090

NHK「100分de名著」ブックス

ドラッカー マネジメント……上田惇生
孔子 論語……佐久 協
ニーチェ ツァラトゥストラ……西 研
福沢諭吉 学問のすゝめ……齋藤 孝
アラン 幸福論……合田正人
宮沢賢治 銀河鉄道の夜……ロジャー・パルバース
ブッダ 真理のことば……佐々木 閑
マキャベリ 君主論……武田 好
兼好法師 徒然草……荻野文子
新渡戸稲造 武士道……山本博文
パスカル パンセ……鹿島 茂
鴨長明 方丈記……小林一彦
フランクル 夜と霧……諸富祥彦
サン＝テグジュペリ 星の王子さま……水本弘文
般若心経……佐々木 閑
アインシュタイン 相対性理論……佐藤勝彦
夏目漱石 こころ……姜尚中
古事記……三浦佑之
松尾芭蕉 おくのほそ道……長谷川 櫂
世阿弥 風姿花伝……土屋惠一郎
万葉集……佐佐木幸綱
清少納言 枕草子……山口仲美
紫式部 源氏物語……三田村雅子
柳田国男 遠野物語……石井正己
ブッダ 最期のことば……佐々木 閑
荘子……玄侑宗久
岡倉天心 茶の本……大久保喬樹
小泉八雲 日本の面影……池田雅之
良寛詩歌集……中野東禅

ルソー エミール……西 研
内村鑑三 代表的日本人……若松英輔
アドラー 人生の意味の心理学……岸見一郎
道元 正法眼蔵……ひろさちや
石牟礼道子 苦海浄土……若松英輔
歎異抄……釈 徹宗
ユゴー ノートル＝ダム・ド・パリ……鹿島 茂
サルトル 実存主義とは何か……海老坂 武
カント 永遠平和のために……萱野稔人
ダーウィン 種の起源……長谷川眞理子
アルベール・カミュ ペスト……中条省平
バートランド・ラッセル 幸福論……小川仁志
三木 清 人生論ノート……岸見一郎
法華経……植木雅俊
宮本武蔵 五輪書……魚住孝至
維摩経……釈 徹宗
オルテガ 大衆の反逆……中島岳志
太宰治 斜陽……高橋源一郎
アンネの日記……小川洋子
シェイクスピア ハムレット……河合祥一郎
マルクス・アウレリウス 自省録……岸見一郎
カント 純粋理性批判……西 研
貞観政要……出口治明
カフカ 変身……川島 隆
アレクシエーヴィチ 戦争は女の顔をしていない……沼野恭子
ロジェ・カイヨワ 戦争論……西谷 修
アリストテレス ニコマコス倫理学……山本芳久
マーガレット・ミッチェル 風と共に去りぬ……鴻巣友季子